管人有制度，管事有规章，带团队就没有那么难

别让制度毁了你的团队

制度不行管理不灵，管理不狠公司不稳

BIERANG ZHIDU HUILE NIDE TUANDUI

谢国计◎著

一流企业用制度管人，二流企业用人管人

成都时代出版社
CHENGDU TIMES PRESS

图书在版编目（CIP）数据

别让制度毁了你的团队 / 谢国计著. -- 成都 : 成都时代出版社，2015.9
ISBN 978-7-5464-1441-6

Ⅰ. ①别… Ⅱ. ①谢… Ⅲ. ①企业管理－组织管理学 Ⅳ. ①F272.9

中国版本图书馆 CIP 数据核字(2015)第 184199 号

别让制度毁了你的团队
BIERANG ZHIDU HUILE NIDE TUANDUI
谢国计 著

出 品 人　石碧川
责任编辑　周　慧
责任校对　兰晓莹莹
装帧设计　林自伟
责任印制　干燕飞

出版发行　成都时代出版社
电　　话　（028）86621237（编辑部）
　　　　　（028）86615250（发行部）
网　　址　www.chengdusd.com
印　　刷　北京建泰印刷有限公司
规　　格　710mm×1000mm　1/16
印　　张　17.5
字　　数　250 千
版　　次　2015 年 9 月第 1 版
印　　次　2015 年 9 月第 1 次印刷
书　　号　ISBN 978-7-5464-1441-6
定　　价　39.80 元

前言

PREFACE

管理，到底管什么？简单一句话，管理就是“管人”和“管事”。过去我们管理企业靠“人治”，即人管人。然而人治往往缺乏民主性，决策容易失误，人际关系容易紧张；人治过不了人情关，奖亲罚疏，任人唯亲是常有的事；人治无章可循，大家全凭个人想法来办事……可见，“人治”远不如“法治”。用制度管理公司、规范员工，才是企业“定江山”的法宝。

俗话说：“没有规矩，不成方圆。”治理国家离不开“法”，管理企业同样离不开“法”。对企业来说，“法”就是企业的规章制度。有了规章制度，管人管事、奖罚激励、职位晋升才有了依据，大家该干什么、该怎么干，遇到问题该怎样处理，才会有章可循。如此一来，管理就走向了规范化、流程化，体现出严谨性、公正性。

用制度管人，按规章办事，前提是有一套科学合理的规章制度。只有保证规章制度科学合理，才能做到防微杜渐，把好“入关口”。那么怎样才能制定出科学合理的制度呢？这要求管理者多了解企业的实际情况，多让大家参与，并做到与时俱进，绝不墨守成规，避免让陈腐的制度浇灭员工的激情。

用制度管人，按规章办事，关键在于贯彻落实制度。再好的制度，如果只是挂在嘴边，而不去执行，或执行了但没有落实到位，那么制度就会成为一纸空文，管理也就成了纸上谈兵。执行力是决定企业成败的重要因素，没有执行力，企业就没有核心竞争力。通用电气、IBM、微软、戴尔、松下电器等企业之所以成功，与其杰出的执行能力有必然的关系。为了让制度落实到位，管理者不仅要严抓执行，还需从自身做起，为员工树立榜样。

用制度管人，按规章办事，还要重视检查监督。没有检查和监督，你就不知道公司的规章制度落实得怎么样，你就不知道谁钻了制度的空子，谁绕开了规章制度牟取私利，更不知道制度存在哪些不足。所以，检查监督要经常化、细致化、严格化，做到一视同仁，杜绝敷衍了事、搞形式。同时，还要坚持“有法可依，有法必依，执法必严，违法必究”，对于有制度不遵守、有规章不遵循的行为，坚决做到“及时处理，严惩不贷，以儆效尤，杀一儆百”，这样才能形成良好的风气，让员工看到制度的威力。

用制度管人，按规章办事，体现了管理的严格化，但并未否定管理的人性化。制度与人情并不矛盾，制度无情人有情，因为制度是死的，人是活的。在现代企业管理中，领导者往往态度强硬，严明公正、不徇私情，可是这不能成为管理者对员工冷漠的借口。员工也有七情六欲，也需要被理解和关心。因此，在用制度管人、按规章办事的过程中，管理者要体现出对员工的尊重，多与员工沟通，多给员工以信任，从而充分调动员工的积极性。

身为管理者，在重视用制度管人、按规章办事的同时，也不能忽略企业文化的建设，要重视人文关怀，重视打造公平、平等的企业文化氛围。尤其是在企业无法触及到的地方，多用企业文化来影响人、感染人、约束人，做到制度与文化相结合，制度管理与以人为本相结合，这样企业才会保持蓬勃的战斗力，朝着更高、更远的目标迈进。

目录
CONTENTS

第四章

别指望人人自动自发，有效监督才能为制度保驾护航

第五章

公事不公办，制度就会成为花瓶

第六章
制度考核要公平，坚决不能煮大锅饭

第七章
制度可以严格化，但别把员工当机器

第九章

用铁的纪律打造一流的团队

第十章

扬长避短，会管人还要会用人

第十一章

会激励，善批评，让庸兵变将才

第十二章

制度管人必须跨越的误区

第一章

一个没有制度的企业只是一个货堆

BIERANG
ZHIDU HUILE
NIDE TUANDUI

1 你不讲制度，员工就会跟你讲条件

任何一个企业都应该有自己的一套规矩，而这一套规矩，就是公平合理的企业制度。如果你不讲制度，不用制度管人，而是用人情管人，那么员工就很可能跟你讲条件，这样你就很难服众了。

中国人最爱讲人情，尤其是在员工犯错的时候，老板很喜欢说“下不为例”。可是，有了下不为例，就会有第二次，第三次。作为企业的老板，一定要认识到：在制度合理的前提下，如果你法外开恩，就会为制度的推行埋下地雷。

一般来说，有制度却不严格执行，会造成诸多不良的后果。比如，造成员工职责不清。很多企业都有制度，但是却不按制度执行，这就很容易造成某项工作好像谁都在负责，但实际上谁都没有真正负责。于是，两个部门对一项工作纠缠不休，相互扯皮，使原本有序的工作变得无序，造成了极大的浪费。

为了避免员工和你谈条件，你一定要把公司的规章制度严格推行下去，让每个员工按照制度去行事，避免造成管理的无序，对员工的积极性造成消极的影响。

个人的智慧、水平是有限的，而且很多人对别人的能力往往又不太认同，都认为自己聪明能干，所以不太容易服从别人。因此，如果单纯的“人管人”、“人治人”，就很容易产生这样那样的弊端。下面我们具体来看一下。

“人治”带有明显的随意性、主观性，缺乏科学性，员工很难适应；“人治”有很强的专制色彩，缺乏公平性、民主性，很容易导致决策失误，也容易造成管理者和员工的关系紧张；“人治”是以人为主的，很容易出现“一朝天子一朝臣”的现象，员工很可能会巴结管理者，不利于“人和”；“人治”往往难过人情关，因为人与人之间，有亲疏远近的关系，一旦发生“奖亲罚疏，任人唯亲”的事情，管理者就会失去威信，团队也会失去凝聚力。

所以，人治不靠谱，建立企业制度，凡事以制度为准，才是最靠谱的。看看战场上，军纪严明、众志成城的军队，总能打败纪律涣散的乌合之众。同样的道理，企业也需要严格的管理制度，有了合理的制度，员工的工作效率才有提高，企业的长远发展才有保证。

2 没有规矩，不成方圆

凡事都要讲规矩，做人有做人的规矩，做事有做事的规矩，管理企业同样有管理企业的规矩。如果没有规矩，那么企业经营就非常容易变得混乱。如果有规矩不遵行，规矩也会成为一纸空文，对企业管理产生不了任何作用。

很多企业虽然制定了规章制度，但是大家并没有把制度当成自我规范的守则，没有自律。尤其是领导者，没有以身作则，不按制度进行管理考核，直接影响了制度的威严，损害了遵守制度的那些员工的积极性和创造性，影响了整个团队的工作效率。

规章制度对企业管理而言，其重要性是不言而喻的。身为企业管理者，一定要想办法用制度来经营和管理企业。在这一点上，“老干妈”

的创始人陶华碧就做得很好。

陶华碧从小到大没有读过一天书，但是当她的“老干妈”公司越办越大时，她意识到只靠自己来管理是不行的，必须制定合理的规章制度，用制度来管理公司。为此，她想到了自己的长子李贵山。

李贵山是一个转业军人，做事非常讲规矩。进入“老干妈”管理层后，他第一件事就是处理文件，整章建制。他经常把规章制度读给陶华碧听，陶华碧听到重要处时，经常站起来说：“这条很重要，要制定得更具体一些。”当她听到不妥之处时，就会立即口述更正，然后再由李贵山修改……如此反复多次，直到满意，她才会在材料的右上角画个圆圈。在李贵山的协助下，陶华碧的“老干妈”公司终于制定了规章制度，而且制度宽严并济，奖惩分明。

规章制度制定之后，并不意味着万事大吉。很多管理者认为，规章制度是给普通员工制定的，是用来规范大家的，而把自己置身于规章制度之外。其实，身为管理者，更应该身先士卒，率先垂范，为员工树立一个遵守规章制度的榜样，这样才能带动大家积极遵守。

合理的规章制度一经制定，就必须严格执行。如果有制度，却不按制度办事，当员工违反了制度时，管理者不对违反者予以处罚，那么制度的威严就得不到维护，如此一来，企业就没了规矩。只有严格按制度办事，制度才是有效的，才能对企业管理起到积极的作用。

3　人情归人情，事情归事情

在某电视台举行的一档职场对话节目中，有这样一段对话：一个单位的干部说：“我只是轻微违反了‘六不准’规定，却受到了严厉的处罚，当时我委屈得一晚上没有睡好觉。”这个干部的上司接话说：“你不知道吧？我考虑是否应该按制度处罚你，连续三个晚上都没有睡好觉。”从这位领导的话中，我们可以感觉到制度与人情这对矛盾的激烈博弈，这种博弈在现实中随处可见。

西安一位36岁的陈女士为了考研，在上班之余苦心复习一年多，可是在考研那天，她来到考场后，却发现自己的身份证忘带了。于是，她急忙给家人打电话，等到她拿到身份证时，开考已经过了半个小时。

监考人员表示，陈女士的这种行为违反了考试的相关规定，是没有资格考试的。面对这一“宣判”，陈女士两次跪在监考人员面前，只求被允许进入考场，但最终还是被拒之门外。

此事在网上引起了激烈的争辩，对此，陈女士告诉记者：“我一定会查询相关的法律政策，用法律的武器为我讨回一个公道。”

对于陈女士的遭遇，我们深感同情，一个中年女性，能够克服重重困难，保持对知识的渴望，这种积极学习、乐于上进的精神，无论如何都是值得敬佩的。但是，她的行为确实违反了考试制度，是无法“通融”的。

制度不像人情，说些好话、送点礼，就可以大事化小、小事化了。我们同情归同情，但同情不能取代理智。毕竟，人情是人情，事情是事情。在处理违反制度的事情时，秉公执法才是最值得尊敬的。否则，你违反制度了找理由，他违反制度了也找理由，到时候岂不是乱了套，还有什么规矩可言？

在现代企业管理中，人情是一个极大的困扰因素。对于管理者来说，如果想留住人情，往往会破坏制度，如果遵守制度，就会破坏人情。我们知道，人是感情动物，因此，坚持按制度办事的管理者，往往被认为不近人情，虽然短期内得不到员工的认可，但从长远来看，这样的领导者可以带企业走向繁荣。

试想，当年要不是诸葛亮挥泪斩马谡，怎么能建立起“军中无戏言”的组织纪律？蜀军又怎么保证战斗力？诸葛亮的做法告诉企业管理者们一个深刻的道理：没有制度，工作是搞不起来的；有制度不执行，工作也是搞不起来的。只有严格按制度办事，把人情放在一边，才能把企业管理好。

虽然制度与人情存在一些不可调和的地方，执行制度就不能讲人情，讲人情就势必会破坏制度，但是人情并不是制度的对立面，它可以成为制度额外的辅助措施，即对制度没有遇到的情况作出特殊的处理，并且可以起到很好的效果。比如，员工违反了制度的规定，按照制度的规定应当处罚，但是在处罚之后，管理者可以与员工好好地沟通一下，说明一下情况，甚至喝上两杯，这样员工心里的阴影就会消除。

4 让员工怕你，不如让他怕制度

在一些企业，很多员工怕老板，尤其是犯错误的员工。他们为什么怕老板呢？因为老板似乎有生杀予夺的大权，决定着他们的前途和命运。员工怕老板是好事吗？当然不是。为什么呢？因为员工一旦害怕老板，工作就无法轻松展开，尤其在与老板沟通时，就会显得谨小慎微、唯唯诺诺，这同样不利于工作。

员工什么都不怕行不行？当然也不行。如果员工什么都不怕，那他就会无法无天，做事就没了规矩。那么，让员工怕什么呢？怕制度！只有让他怕制度，而不是怕老板，才能在人性化和制度化之间找到平衡点，才有利于企业的运作。

在西方管理学上，有一个著名的“热炉法则”，它指的是当有人违反规章制度时，就像触碰了一个烧红的火炉，一定要让他受到“烫”的处罚。

热炉法则包含 4 个惩处法则，分别是预警性原则——通红的火炉，就像一盏信号灯，提醒大家不要触碰；必然性原则——只要你摸上去，必然会被烫伤，所以千万不要有侥幸心理；即刻性原则——只要你碰到热炉，瞬间就会被灼伤；公平性原则——不论是谁触碰了热炉，都会被烫伤，热炉不辨亲疏，不分贵贱，一视同仁地对待每个人。

每个企业都应该有自己的规章制度，只要有人触犯了，就要受到惩罚。在这些规章制度中，应明确规定员工该做什么，不该做什么，做了不该做的会受到怎样的惩罚。只有做到令行禁止、不徇私情，才能真正实现“热炉法则”。这要求企业领导者要有“铁手腕”，维护制度的威严，不讲任何情面。

毫无疑问，惩罚并不是目的，而是一种教育员工的手段。作为管理者，或许在给员工开罚单时，有一种于心不忍的心理，觉得员工来企业工作，赚钱不容易。但是管理者要知道，不是每个员工都能自律，如果员工不遵守公司制度，导致执行力不高，影响企业效益，甚至导致企业破产，公司倒闭了，员工的利益怎么保障呢?

古人说得好:“皮之不存，毛将焉附?”从这个角度来看，管理者对员工严格一点，其实是为了员工好。当然，在惩罚员工之后，有必要对员工晓之以理、动之以情地说服教育。只有这样，受罚的员工才会心服口服，才会理解你的做法，并对你产生敬意。

5 不能被量化的工作，是制度的“短板”所在

并不是任何工作都可以量化，尤其是那些带有创造性的工作，我们很难用数值来衡量，而这类不能被量化的工作，正是制度的“短板”

所在。

不少管理者似乎并没有意识到这一点，他们把制度当做“金科玉律”，自己则充当起制度的执行者。殊不知，世界上没有绝对完美的制度，仅有执行力是远远不够的。管理者必须看到企业制度背后的“短板”，并在贯彻执行的过程中尽可能去弥补公司制度上的不足。

王锋是一家大型科研机构的技术主管，他在平时的工作中，就十分注重那些不能被量化的工作。尽管王锋所在的技术部门曾经研发出不少有竞争力的新产品、新技术，但这些成就都是建立在无数次的失败基础之上的。对于技术研发，很难用清晰的量化数据去管理员工，因为谁也不确定，开发一种有价值的新技术需要3个月还是半年。

身为技术主管，王锋很清楚科研工作的特殊性，尽管公司规模不小，企业制度也十分完善，但技术研发是不可量化的工作，因此公司制度在这一领域比较笼统，没有详细具体的管理标准。王锋深知，自己管理的部门正是制度的“短板”所在，基于此，作为该部门的领导，就必须弥补制度的不足，做好对下属的监督检查工作。

为了更好地了解员工们的科研进度，王锋要求每位员工每周都要上交一份工作报告，对自己的工作进度、所遇到的问题以及取得的成就等进行一一汇报。

此外，为了弥补不能被量化工作的制度“短板”，王锋还充当起了“督察员”的角色。每个工作日，他都会抽出时间到实验室进行不定时抽查，一旦发现有下属“磨洋工”，就会立即批评指正。事实证明，王锋的这种做法，确实在一定程度上提高了员工的工作效率。

作为企业管理者，我们千万不能忽视那些不能被量化的工作，越是工作内容不好衡量，就越是要加强人为管理的力度。制度并非是万能的，而对于企业中那些制度触及不到的“边边角角”，我们只能采用监督检查的方式来加以弥补。

6 制度松弛，贻害无穷

俗话说得好："严师出高徒。"任何一个顶尖的团队，都有一套非常严格的制度。在企业中，管理者如果制定的制度对员工的要求宽松，而且制度的条款模糊，那么团队成员就找不到依循的准则，这样的制度不仅无法激发员工的积极性，反而会诱发员工的惰性，这对团队而言是危害无穷的。

一位幼儿园老师带着一群小孩子过马路，怎样才能保证孩子的安全呢？老师想了一个办法——他用一根长绳子，让每个小孩都拉着绳子，排成一行队伍，老师在前面带路。过马路的时候，有一个小孩的鞋带松开了，但是他没有停下来系鞋带，而是走到马路对面才蹲下来系鞋带。

看到这一幕，不禁让人对孩子们产生敬意。为什么即使鞋带松了也不停下来呢？老师的回答很简单："因为如果孩子松手，就无法被评为好孩子，这对他是最大的惩罚。"

其实，企业制度也像一根绳子，只有当全体员工都拉着它，团结在一起，才能产生最大的生产效率。反之，如果这根绳子非常松弛，或大家不拉着这根绳子，也不会受到惩罚，那么这个制度就无法让员工产生敬畏感，这对企业将是致命的。

刘邦刚当皇帝的时候，不知道礼仪，宫廷制度十分松散。大臣们在朝拜刘邦时，经常互相争功、饮酒狂欢，一句话没说好，甚至就会拔剑相向。对此，刘邦十分担忧，叔孙通建议刘邦召集儒生，研究朝会制度。刘邦决定一试，在叔孙通的主持下，召集了一帮儒生和大臣，制定了一套严格的朝会礼仪制度。经过一段时间的练习，这项制度终于推行了。

之后，诸侯和大臣们在长乐宫朝拜刘邦，整个过程由御史前去执行法令，凡是不遵守朝会礼仪制度的，一律带走治罪。朝拜过程都摆有酒席，但是没有一个人敢喧哗无礼。刘邦极为高兴，感慨道："今日方知皇帝之贵也。"

有法不依或执法不严，造成制度松散，人心涣散，这是企业发展的大患。严明的制度和纪律，不仅可以维护团队的整体利益，在保护团队成员方面，也发挥着重要的作用。

比如，某个员工未能按期完成工作，或违反了某项制度，但是他没有受到相应的处罚，或处罚很轻。表面上看，这个团队非常尊重人性，但事实上，却纵容了全体成员，大家会想：反正违反了制度也没什么大不了的，于是大家就不会遵守制度。久而久之，团队无纪律，整个团队就会陷入混乱之中。最后企业倒闭了，员工的利益都受损了。

所以说，制度千万松弛不得，既要制度严明，又要执行彻底，这对企业和员工都是一件好事。

7 制度面前，谁都不能有特权

在某大型国有企业生产车间门口，门卫提醒前来参观的人员戴好安全帽，但是却被一人恶狠狠地瞪了一眼，对方气冲冲地说："懂不懂规矩，没看到领导来视察吗？"门卫赶紧低头认错，赔着笑脸说："对不起，对不起。"

现实中，这种现象经常在我们身边发生，它折射出一种特权思想，那就是领导者和普通员工享受的待遇是不一样的，公司的制度是为员工制定的，员工必须遵守，领导者可以超脱于制度之外，可以"为所欲为”。这种风气的可怕之处在于，让员工感受不到平等，感受不到企业的尊重，也感受不到制度的威严。员工遵守制度，那不过是处于“寄人篱下，不得不为”的无奈之举。

而真正英明的领导者，肯定不会让自己超脱于制度之外，相反，他们往往还会主动做表率去遵守制度。如果有人对他说：“你是领导，这个制度不适用于你。”他们会很生气地责怪别人，比如，在杜邦公司就曾发生过类似的事情。

有一次，杜邦公司的主管 Frank 先生陪同一名外企的安全员来公司生产现场参观。走到总装车间门前，尽管陪同人员热情邀请，但 Frank 先生还是停下了脚步，他主动问工作人员：“我们没有戴安全帽和护目镜能进去吗?”

得到的回答是“可以”，Frank 先生问：“可是门上清楚地标着‘进入者必须戴安全帽和护目镜’，这怎么解释呢?”工作人员说：“那是针对操作员工的。”正当大家准备进入时，有人发现 Frank 先生已经戴好了安全帽和护目镜。

“那是针对操作员工的。”这是一句耐人寻味的话，但是 Frank 先生没有因为自己是领导者就“破例”，他戴好了安全帽和护目镜，做了公司制度规定的事情。Frank 先生的做法告诉我们，制度面前，人人都是员工，没有等级之分。同时也告诉我们，管理者要强化自主管理的意识，要先管好自己，才可能管好员工。

美国著名的 IBM 公司也十分注重这一点，公司创始人汤姆·沃森认为，企业的最高管理者往往会犯一种严重的错误，那就是对自己和对员工采取双重标准。当自己或其他管理人员违反了公司制度时，他们在处理的时候往往比较宽容，而对员工所犯的错误则严厉处理。这种做法会造成很坏的影响，你应该毫不留情地把这类管理人员开除。

沃森的观点强调了制度面前没有特权，也不能有特权。的确如此，在公司里，条令条令，条条是令。领导者只有放下架子，少一些特权思想，少一些“自我”，才能用一颗平常心，从内心深处去认真地对待制度，这样才能体现出制度的平等性、公平性和严肃性。

8 不合理的调动，对双方都是一种折磨

在企业内部，每位员工都有自己擅长的领域，也都有明显的劣势。管理者在进行人员调动时，一定要充分考虑个体的差异性。一旦调动不合理，不仅不能提高工作效率，反而会伤害员工的工作积极性。

不合理的工作调动，对管理者和员工都是一种折磨，事实上，任何一个人放对了地方都是好员工，但如果分配错了部门，自然难以有好结果。作为管理者，为下属安排工作职位时要谨慎，尽量避免工作分配以及调动的不合理，只有这样才能避免人才给企业拉后腿。

约翰是一家大型销售公司的总经理，他手下有一个年轻的伙计，销售能力很强，工作也很卖力，对待顾客也十分费心。他在销售上的出色表现不仅为他自己挣了很多钱，也给公司带来了丰厚的收益。这样的人才怎么可能不受重用呢？于是，约翰破格提拔他升任销售经理一职，并把 12 个人的销售团队交给他管理。

最初的一年，年轻人干得还算不错，但很快，他便经常迟到，销售业绩也开始大幅度下滑，底下的员工们对他的意见很大。所以，约翰专门找了一个时间约他谈话。经过详细的了解，约翰才意识到自己犯了一个多么严重的错误，升任他为销售经理的调动根本就是不合理的。

这位年轻员工最讨厌做的就是案头工作，升任经理后，他有了更响亮的头衔，工资高了，还有了专车，但那些令他讨厌的文件却堆积如山，会议更是没完没了。得知了这一切后，约翰毫不犹豫地给对方提了薪，

给他分了一间更大的办公室，并保留了专车，因为好的销售员是可遇而不可求的。事实证明，约翰的决定是极其正确的，如今这位年轻员工业绩更突出，也为公司赚了很多钱。

永远都不要把员工调到他们不喜欢的岗位上去，有时候提拔升职，也不见得就一定是好事。所以不管是升职还是工作调动，都要提前征求一下对方的意见，看看对方是否愿意接受。只有充分顾及到下属的意愿，才能避免不合理的人事安排，彻底走出“对看两相厌”的尴尬局面。

9 把好考评这道关，手下才能不闹翻

1965年美国心理学家约翰·斯塔希·亚当斯提出了“公平理论”。该理论是阐明人的动机和知觉关系的一种激励理论，理论侧重于研究工资报酬分配的合理性、公平性及其对职工生产积极性的影响。亚当斯认为员工的激励程度，来源于对自己和参照对象的报酬和投入的比例的主观比较感觉。说到底就是一种公平的感受，一种对自己工作的认可。

处理好考评，才能让下属心悦诚服，甘心接受自己所得。如果考评本身有失偏颇，必定会引起不满。每个人都期望自己的付出得到合适的收获，不仅仅是物质的，更需要精神层面的。这方面把关不严，很容易激起下属的不满。

侯主任最近因为公司的人事安排很头疼。公司要求员工晋级需要进行业务考核，其中一项是业务知识水平测试。测试的目的是全面考量员工对公司的认知、理解等价值认同。但是，这次考核没有取得令人满意的效果，反而引发了大家的恼火。

原来，测试的内容没有针对性，太过空泛，大家认为无助于提升工作业绩。比如，业务员觉得自己每天在外奔波，如果要求对公司内部制度了如指掌，简直是一种苛求；前台觉得自己没必要了解公司财务制度，认为那是一种精力浪费。总之，各个部门的人都认为考核内容华而不实，“假大空”，这才引得众人怨声载道，工作热情明显下降。

领导人须知，考核是一项严肃的事情，必须有助于提升组织的效率，并且能够改进员工的工作。如果考评走过场，甚至引发员工质疑，那就是领导工作的失败了。对各种考评心中有数，手中有招，不妨参照下面几条建议。

（1）客观原则绩效评估应尽可能科学地进行评价，使之具有可靠性、客观性、公平性。考评应根据明确的考评标准、针对客观考评资料进行评价，尽量减少主观性和感情色彩。

（2）评估方法必须要可行，这意味着评估使用的方法要为人们所接受并能长期使用。频繁更换方法会让下属有厌烦感，从而不重视考评，自然也就不重视结果。

（3）评估要经常化、制度化。一个事件只有制度化才能使人明白它的重要性。

（4）反馈原则考评结果一定要反馈给被考评者本人。因为每个员工都非常在意自己的行为在别人眼中是否得体，是否行为失当。让被考评者保持消息畅通，否则会让其有被冷落感。

考评的意义在于给下属一个合理的解释，让他们能够接受自己得到的奖惩。

每个人心里都有一杆秤，虽不至于精确到一分一毫，但是大方向总不会错。谁能干，谁偷懒，谁有业绩，谁有错误大家心里都一清二楚。不要因为一时疏忽，打翻了这杆秤。人心散掉容易，再聚起来就难了。

10 “放羊式”管理，必然导致人才的浪费

适当自由的工作氛围能够激发员工的工作积极性和自主创造性，但过度自由的管理则会令他们陷入迷茫之中。一旦丧失了工作的方向，工作效率也会随之降低。如今，已有不少企业认识到“放羊式”管理的弊端，并采用责任到人的管理制度来约束员工，避免造成人才的浪费。

“放羊式”管理的核心缺陷在于职责不清，没有清晰的责任分区，也没有严格明确的工作要求，于是大家你推我、我推你，不仅降低了工作效率，还会严重影响员工的士气。最好的解决办法就是用责任管束下属，激发他们对本职工作的热情。

老张是一家新技术开发企业的总经理，经过长时间的市场调查和谋划，他决定以“新产品”为拳头，在竞争激烈的市场中闯出属于自己的一片天地。紧接着，他便将开发新产品这项艰巨的任务交给了研发部门。

研发部门由12名技术精英组成，都是高薪聘请而来，然而3个月过去了，当他问及新产品的开发进度时，却大吃一惊。这些研发人员有经验有技术，但那么长时间过去了，新产品的研发工作却丝毫没有头绪。问题在于，老张采用“甩包袱”式的方式，把这项任务交给了研发部，但职责并不明确。谁都不知道该项目的带头人是谁，连个拿主意的人都没有，所以才相互推诿、“磨洋工”。

从研发部门的人员构成来看，这并非是员工能力不足，而是管理方式有问题。“放羊式”的任务分配是造成人才浪费的主因。后来，总经理指定了2名项目负责人，为了明确各个研发人员的具体职责，他还专门任命了1位工作小组长，负责研发各部分工作的人员安排。

管理方式调整后，该部门严格实行责任到人的制度，哪怕是极其细小的工作也能找到具体负责人。很快，研发部懒懒散散“磨洋工”的现象发生了改观，大家的工作积极性被调动起来了。经过半年的浴血奋战，新产品最终得以问世，并为该企业赢得了不错的经济收益。

克服“放羊式”管理弊端的关键就在于明确职责。再优秀的人才管不好，也会变成庸才。为了避免人才浪费，不少企业都开始实行责任制，但在进行责任分工时，却仍然存在一系列问题，有些工作上的事务，莫名其妙成为“三不管”地带，有些则成为责任交叉地带，你管他也管，到头来管的人越多反而越乱。事实上，这都是责任落实不到位的结果。

企业是由多个个体组成的，因此要把整体的工作责任分散开来，进而落实到每一位员工身上，并不是一项简单的工作。要想把所有的责任都落到实处，就必须遵从这样一条原则，即：保证人与责任对应的唯一性。也就是说在工作职责的分配上，既不能存在空白区域，也不能出现职责交叉的情况，只有这样，才能避免责任落实过程中可能出现的各种问题，从而避免人才浪费现象的产生。

11 国有国法，家有家规

俗话说得好，无规矩不成方圆。任何一个企业，都应该有自己的规章制度，都应该严格遵循。国有国法，家有家规，公司制定出来的许多制度，不应该成为一纸空文，作为领导，应该采取强硬的手段坚定地落实。一旦发现有人违反规章制度，要切实按照规定严加处置，绝不能心慈手软。领导本人犯了错误，也应该按规定进行惩罚，不能只束人不束己。

有一次，美国 IBM 老板迈克带客人去参观工厂，走到工厂门口的时候，被一个守门的员工拦了下来，他说：“对不起，先生，您不能进去，我们这有规定，进入厂区的员工不戴安全帽不许进工厂。”董事长助理连忙说道：“这是这家工厂的老板，要陪同重要的客人参观。”但是守门人却说：“这是公司的规定，我必须按规定办事，我必须对你们的安全负责！”这时候，迈克笑着说：“他说得非常有道理，如果都不按规定办事，那么迟早会出事故的。咱们还是先戴上安全帽，再进去参观吧。”

规章制度是企业管理的核心，有人称之为“企业宪法”，每个人都应该严格遵守，老板尚且能够如此，更何况一个普通人呢？中国是一个人情大于法的社会，在很多情况下，一些地位高、权力大的人往往不遵守规则，他们犯错没关系，下属的错误坚决不能容忍，着实的“两面派”。

其实，这种做法是非常错误的，在规则面前，应该对每个人一视同仁，公平公正，不能因为地位、权力的高低、大小而有所不同，古代王子犯法还与民同罪，何况现在呢？如果采用两种标准、两种对策，会让员工怨声载道，无心工作，更不利于企业的发展。

单从规则这点上讲，我们应该多向外国人学习，崇尚自由的外国人具有很强的规则观念，认为坚守规则是天经地义的事情，是判断一个人素质高低的标准。虽然现在，崇尚个性、自由是生活的主流，也就是说，企业领导允许员工拥有不同的观念、思想和不同的生活方式，但是，现代的生活也是一种社会生活，一样也需要人与人进行沟通。如果企业没有一个共同的、大家都接受的规则，交往就无法继续，企业的秩序也会变得一团混乱。

所以说，我们每个人都应该有一个强烈的规则意识，善为人者能自为，善治人者能自治，一个企业，要想在激烈的竞争中得到发展，领导者必须要有自律意识，身体力行，以身作则，这样才能调动企业里的其他人，而作为员工，也要严格要求自己。遵守规则，只有双方共同努力，才能创造出美好的明天。

12 一流的企业用制度管人，二流的企业用人管人

《孙子兵法》指出：要规定明确的法律条文，用严格的训练整顿军队，对士兵过于宽松，过于爱怜，结果会导致士兵不能严格执行命令，部队陷入混乱而不能加以约束。当前企业面临的竞争，其残酷程度不亚于冷兵器时代战场上的血肉拼杀，如果企业没有严明的制度，做不到令行禁止，是不可能在竞争中取胜的。

规矩、秩序、制度的重要性不言而喻，当一个团队缺少规章、制度、流程时，团队就很容易陷入混乱，这是非常糟糕的事情。要想让企业完成从“人治”到“法治”的转变，首先要制定完善合理的制度，其次还要让制度产生威慑力，使大家严格执行制度。只有这样，你的公司才会在硬性制度的规范下，稳定有序、高效率地运营。

一家工厂的工人盗窃了厂里的产品，虽然盗窃的产品数量不大，但性质恶劣，属于违法行为。由于这个工人是厂里的老员工，平时找他帮忙的同事很多，大家与他关系都不错。于是乎，当老板准备依据公司的制度惩罚这位老员工时，很多员工都来为老员工求情，有人说：“原谅他吧，只要他知错就好了。”有人说：“少数服从多数嘛！”

厂长理直气壮地说：“厂里的规章制度通过了大家的认可才出台的，既然有了制度，就要按制度办事，绝不能徇私情。”结果，那名老员工受到了制度的严惩，虽然当时厂长有点被孤立的感觉，但是时间一长，大家都理解他的做法，而此后厂里的盗窃案也少了很多。

在这件事中，如果厂长不顾厂里制度，顺从了大多数人的意见，不处理或从轻处罚那名偷窃的员工，不仅厂里的偷盗之风得不到遏制，厂

规厂纪也会变成一纸空文。届时，厂里一片混乱，厂长的威信扫地，那才是真正的孤立。由此可见，制度出台之后，就要严格执行，绝不能找借口，公然违背制度的规定。只有按制度办事，才能维护制度的威信，才能遏制不正之风，维护企业的利益。

一流的企业用制度管人，二流三流的企业用人管人。看看国内外著名的企业，它们几乎高度一致地认同用制度管人。比如，日本东芝公司规定，女工严禁擦粉，男工必须刮净胡子，操作时禁止说话、咳嗽、打喷嚏，以防空气振动，扬起尘埃。正是对工作间的卫生有如此苛刻的要求，于是我们看到了东芝电子产品的"容光焕发、姣美可爱"，备受世界欢迎。

第二章

制度要到位，
不到位的制度等于没有制度

BIERANG
ZHIDU HUILE
NIDE TUANDUI

1 建立制度的人，决不能凌驾于制度之上

俗话说："王子犯法，与庶民同罪。"企业管理也是如此。实际上，领导者违背公平原则，在公事裁决上破坏企业的规章制度，不仅会损伤自己的领导形象，还会失去下属的信任与拥戴。

作为建立制度的人，管理者一定要带头遵守，决不能凭借特权而凌驾于制度之上。然而在现实生活中，不少管理者总会给自己的"违章"找理由，以至于上梁不正下梁歪，整个企业没人把制度当回事，原本详细而严谨的条款就这样成了"摆设"。没有制度的约束，企业自然会陷入混乱状态，其生产效率也必定会随之降低。

作为联想集团的一名高层管理者，柳传志曾定下"迟到就罚站一分钟"的制度，作为建立制度的人，柳传志本人也迟到过，但他并没有借助特权而凌驾于制度之上，而是主动遵守。联想之所以能够取得今天的成功，与他这种严格的管理作风是分不开的。

该制度起源于一次会议，由于每次会议总有人迟到，柳传志为此十分恼火，便规定："开会如果有人迟到，就罚站一分钟！"这一举措效果十分显著，上午 10 点开会，时间还不到，参会人员就基本到齐了，谁知刚准备开会，门开了，原来是柳传志的老上级迟到了。

对于这样的突发状况，柳传志也皱起了眉头，如果就这样算了，那么规定就白定了，但让老上级罚站确实很对不起老人家。权衡利弊得失之后，他一狠心让老领导在会议室门口站了一分钟。不久后，柳传志参

加联想高层领导人会议，谁知电梯出现故障，他竟然被困其中，这直接导致了他开会迟到的尴尬结局。

在众多下属面前承认错误并罚站，这实在是一件丢脸的事。但柳传志知道“公平”很重要，如果自己带头打破了这种公平，丢的可就不是面子，而是威信了，所以他没有解释，而是自觉地站到会议室门口罚站一分钟。

越是建立制度的人，越不能凌驾于制度之上。上行则下效，只有管理者带头遵守制度，员工才能重视制度，并切身体会到制度的威严，反之，员工们则会对上司特权高于制度的做法产生不满，并生出逆反的工作情绪。

每个企业都有属于自己的一套管理制度，但并不是每个管理者都能够严格执行，这就是企业与企业之间的差距。对于管理者而言，制定规章制度并不难，难的是能否以身作则把制度执行好，贯彻好。在执行“法令”的过程中，只有时刻维护“一视同仁”的公平原则，才能依靠制度，打下一片江山。

2 制度面前，功劳大于苦劳

在企业的日常管理中，有些管理者往往无意识地用情感代替了原则，甚至因为与员工的私人关系而迁就他们犯错，事实上这种做法并不明智。制度就是制度，规定就是规定，在公事面前，理智必然大于情感，功劳永远大于苦劳。

如果仅仅因为对方有苦劳就处处宽恕，那么企业制度的威严何在？如此一来，不仅会令那些犯错的员工有恃无恐，还可能惹祸上身，影响自身管理工作的完成，以及职位的升迁。所以，管理者在与员工的交往过程中，一定要廉洁奉公，始终坚持公事公办的原则，切不可在公事之中掺杂自己的私人情感，否则很可能授人以柄，甚至处处被裙带关系所牵绊，影响正常工作的开展。

事实证明，越是管理严格的公司越有活力，劳动效率也会相对较高。从这个角度来看，看重员工的苦劳，并不是什么明智的管理之道。通用汽车公司，是世界上最大的汽车公司，并以生产众多的世界品牌汽车而闻名全球。该公司规模巨大，仅雇佣员工就达到了70多万人，如此数量庞大的员工，如果没有铁的纪律，管理者处处对有苦劳的员工网开一面，根本不可能有今天如此骄人的业绩。

在通用汽车创立之初，福特汽车公司占据着45%的市场份额，是汽车行业不折不扣的老大，为了超越福特，通用汽车公司的管理高层斯隆坦言，“公司组织混乱、管理无方、纪律也十分松弛，要想扩大市场份额，公司的经营管理体制就必须进行重大改革。”

尽管公司有不少劳苦功高的老员工，但改革不能讲情面，更不能照顾某一部分员工，只有大刀阔斧，才能挽救企业于危难。随即，斯隆提出了“集中政策、分散经营”的改革思路。首先他结合当时公司的情况，制定了一套严格的纪律，并贯彻执行下去；其次，他将公司的任务分为决策和执行两类，并制定了各级部门的规章制度。

经过改革之后，整个通用汽车公司焕然一新，分工明确，赏罚也更加分明，此举大大提升了公司的整体效率。所以，管理者在改革制度时，不能过于顾及那些有苦劳的老员工，毕竟在制度面前，人人平等，唯有快刀斩乱麻，才能将改革对员工的伤害降到最低。

不管是谁，只要违反了制度规定，都必须进行严肃处理。在制度面前，功劳大于苦劳，任何法外开恩的举动，都会破坏其制度的公平性。所以管理者在处理员工犯错的事情上，一定要公私分明，切不可因私人感情而做出错误的决定。

3 陈腐的制度会浇灭员工的工作激情

经常使用电脑的人，都会每隔几天点开杀毒软件查杀一下电脑是否有病毒，看杀毒软件是否需要更新。如果杀毒软件不能及时更新，那么出现新的病毒之后，旧版的杀毒软件可能无法查杀，电脑就存在瘫痪的隐患。

公司的制度就像杀毒软件一样，需要不断地更新换代，不断地升级。当一项制度无法解决现实问题时，管理者就要想办法完善它；当一项制度的存在，对解决现实问题没有意义或意义不大时，管理者就要摒弃、废除这项制度。要知道，条条框框的制度太多，并不一定是好事。毕竟，制度的存在是着眼于问题的。如果不能解决问题，还留着干什么呢?

某家大电器制造厂有一则规定：员工如果延迟交货，其单位一律征收违约金。这项制度的出台，在当时确实有必要，因为当时有几名员工时间观念不强，经常拖延交货，公司针对他们才出台了这项制度。这项制度出台之后，也确实对他们起到了约束作用。

然而，多年之后，员工主观上的延迟交货情况已经大有改善，这时候虽然也会发生延迟交货现象，但多半事出有因，比如：生产过程中遭遇不可抗拒的天灾、人祸，或机器出了故障、厂方本身的耽误等等。故此项规定有名无实，应马上改正，可是领导者没有改善，而是依然执行这项制度。这样一来，员工延迟交货被公司罚款后，内心就特别不痛快，因为原因不在他们自己，而在于机器故障、厂房本身的耽误等等。

每一项制度的出台，都与当时的现实情况有关。制度往往都是针对企业的某一时期的某些现实问题，但随着制度的实行，随着企业的发展，这些问题可能逐渐被解决掉了。因此，原来的制度就没有存在的必要了。如果企业不懂得与时俱进，废除意义不大的制度，那么陈腐的、脱离实际的制度就很容易浇灭员工的激情。

规章制度的建立应该随企业的发展、进步而不断改变，千万不能一成不变。在过去的生产规模、生产条件下，某项规章制度可能很完善，但由于新的形势及新的经营方式出现，旧的规章制度会因此出现各种各样的漏洞，变得不合时宜，这时就要求领导者要及早废止，另行出台新的制度，只有这样才能保证制度的合理性，保护员工的积极性。

社会经济在不断发展，企业所面临的市场环境也在不断发生变化，再加上员工队伍、组织自身的发展变化，企业实时更新制度是一种必然要求。当然，这种更新不是天天变、月月变，而是当制度不能促进企业发展了，才必须变。否则，随意乱变的制度会让企业人心动荡不安。

4　管人要用制度说话，“人治”不如“法治”

在中国的传统文化中，常常是“人治”重于“法治”，往往是重人不重制度，大小事情都由领导说了算，没有太多的规章可以遵循。“人治”一般都是根据人的主观意志做出的抉择，存在导致主观随意性的风险，因此，在公司的管理方法上，不应该采取“人治”，以防止出现管理问题上的漏洞。

一个公司能够获得长久发展的关键，在于有完善的纪律和制度作为保障。大到一个国家，小到一个企业，都离不开制度的约束。企业内的员工都必须遵守既定的规章制度，任何人都没有超越制度的权利。

实行“法治”，可以让企业的工作运转有序，让员工的行为有度，也可以为管理者提供有章可循的管理方式。同时，制度就是规矩，国内外著名的企业都高度重视“法治”，都有健全合理的规章制度和执法机制。

公司内部的管理者，在维护制度面前，从来不会讲究“人情”，无论任何人因为任何原因违反了制度规定，都会受到相应的惩罚。有的人说东芝公司的规定有些不近人情，但是，也正是因为有这么严格的要求，其电子产品的结构和外观十分完美，令人爱不释手，公司才能在行业内占有自己的一席之地。

企业和社会一样，是一种关于人的组织。因为人的复杂性、多样性，所以要求企业有一套用于约束、规范、整合人的制度，而不能单纯只依靠人来管人。现代的企业，要想求发展，必须创造出公平合理的竞争环境，因此绝对不能再把传统的“人情”放在第一位。

管理者需要长期不懈地对员工进行职业道德教育：只有遵守制度，按制度办事，才能得到利益，如有违反，便会受到严厉的惩罚。这样做，是要不断地落实制度的执行力，让其发挥效力，实现公司与员工利益的双赢。

5 制度设置要合情合理，管得住还要玩得转

“不管你是发烧、拉肚子、咳嗽或者是手足口病，都要等 6 至 8 个小时！如果你能等，就挂号，不能等请去其他医院！”这是深圳市儿童医院的挂号窗口处张贴的告示。对于这个告示，我们抛开感情的因素，再继续思考，其实告示的内容完全是大实话。因为相对于前来看病的病人数量，医院的数量和医生的数量是捉襟见肘的。面对大量的病人，医生

忙不过来，于是提醒病人排队，或去其他医院，这自然是很合理的告诫。

然而，再读这句告示，怎么都会让人觉得它缺乏了一点人情味，对病人缺少人性关怀，哪怕这种关怀是一种语言上的安慰。在很多企业中，这种合情不合理或合理不合情的现象也是常有的，比如，工厂不依法支付加班费，对公司干部美其名曰“责任制”，对普通员工则用“计件制”来掩盖，更有甚者让员工加班不打卡，或销毁刷卡记录，目的就是掩盖不付加班费的事实。这种事情看似合情，但是却不合理合法。

所谓利益面前无小事，在利益面前，企业与员工明里暗里都在进行一场无声的博弈。尽管多数时候，往往以企业的胜利而告终。但实际上，员工无时无刻都在想办法维护自己的利益。如果企业的做法太过分，既不合法、不合理又不合情，那么员工忍无可忍，最终会选择走人。

而当员工离开时，最受损的还是企业，因为立即寻找一个为企业创造效益的得力员工并不是一件容易的事。所以，聪明的管理者在制定制度的时候，往往会做到合情、合法、合理三者兼顾，这样才能管得住员工，才能玩得转企业。

某服装公司为了留住人才，为了企业的长远发展，在设计薪酬制度的时候，充分考虑了在合法的基础上，如何做到既合理又合情，最后，他们制定了较完善的薪酬制度，包括底薪、加班费、五险一金、绩效奖金、岗位加级、技术加级、住房补贴、餐补、交通补贴等。在这项薪酬制度中，底薪、加班费、五险一金是合法的内容；绩效奖金、岗位加级、技术加级属于合理的内容；住房补贴、餐补、交通补贴属于合情的内容。

自从实施了这项制度之后，员工的积极性大大提高，公司的生产效率、产品质量也有了明显的提升。为什么薪酬制度带来的效果如此明显呢？因为员工从这项薪酬制度中看到了公司对自己的尊重，对自己的关怀，感受到了自己的价值所在。最为现实的一点是，由于这项制度的推行，员工的收入增加了很多，这是刺激他们产生更大动力的最直接原因。

与这家公司相比，不少企业在合情与合理方面往往做不到兼顾。如果企业在合情方面做得较好，在合理方面往往会差一些，反之亦然。之所以会出现这种情况，往往与管理者有这样的心理有关：已经给了员工合理的满足，如果在合情方面再去满足员工，那公司的成本就太高了。

其实，要想制度满足合情这个要求，只需要花点小钱，就能达到做大事的目的。比如，了解员工生活的实际困难，给员工适当的帮助；过年过节，多给员工一些亲情化的福利，比如，请员工吃饭，给员工红包，给员工礼品等。做到这些并不难，但却很容易俘获员工的心，为企业打造凝聚力和战斗力。所以，制度里设计给员工多一点“好处”，就能让员工感受到重视，从而让企业制度得到遵行，让企业充满生机和活力。

6 不到位的制度等于没有制度

摩根斯坦利董事长兼CEO普赛尔说：“所谓的企业管理，就是解决一连串关系密切的问题，必须树立健全的规章制度，以便系统地予以解决，否则必将造成损失。”制度是一只隐形的手，潜于企业整个运行体系中，左右着企业的走向。企业在市场竞争中处于优势或是劣势，很大程度上取决于这只隐形的手。

制度完善的企业，各项事务才能够井井有条地进行，决策才能够更加准确明智，对市场的适应能力才能更强。反之，不到位的制度对于企业来说就等于无制度。而没有制度的企业就如同一盘散沙，风一吹便四散天涯，发展壮大将无从谈起。

企业要想发展壮大，必须不断完善自身的制度，将公司的管理推向正规化轨道。完善的制度是企业赖以生存的基础，是企业在市场竞争中获胜的保证，为企业的发展壮大提供源源不断的动力。完善自身制度对于企业来说，不是“要不要”的问题，而是“一定要”的问题。

不到位的制度把企业推向倒闭的深渊，而内部的自我完善能将企业从泥潭中拉出。“洁尔阴”的畅销正是得益于企业制度的自我完善。“洁尔阴”的生产厂家恩威公司是一家从事中草药加工和生产的私营公司。公司发展起初，没有完善的制度，对产品的生产、质检、销售、售后等事宜的管理极不规范。

管理的不严密让投机分子钻了空，假冒的“洁尔阴”洗液充斥市场。镇江、扬州、云南、四川、湖南等多个省、市的销售点，都发现了假冒“洁尔阴”。多家报刊闻风而来，争相报道此事。事情恶化到了极点，恩威公司上上下下愁成一片。公司总裁薛永新决定从内部整顿入手，令外界的不良影响不攻自破。他在公司展开全面整顿，重新制定了严格的责任制度、管理制度，完善的制度让公司的面貌大为改观，产品的质量也明显上升。“洁尔阴”洗液成功通过了成都市药检的抽查，重新获得销售商和消费者的信任。并且，由于防伪技术过硬，市场上很难出现仿冒产品。不久，“洁尔阴”就成为畅销全国的保健品牌。

恩威公司的薛总，成功地对公司制度进行了调整，让公司从制度不到位的泥潭中走出，以全新的面貌参与市场竞争。事实证明，唯有适时地完善制度，并运用好制度这一“武器”，企业才能发展壮大，从而走上国际化的道路。

7 铺天盖地的制度，意味着管理的失控

企业的日常管理，很大程度上只是一些琐碎事务的重复。正所谓“细节决定成败”，企业在制定和实施制度时务必要细致、具体，从小处

出发，以细节为着眼点。然而如此一来，企业必将拥有各种各样的制度，一旦处理不好，管理就会变得杂乱无章。

制定制度从小处出发，并不意味着制度越多越好，铺天盖地的制度无异于作茧自缚。一个企业的制度要具有统一性和一致性，部门制度要统一于企业整体制度，只能是对企业整体制度的细化、详解和补充，而不能游离于企业制度之外。涉及到与其他部门相关的制度时，要及时沟通、交流。

梳理好公司各项制度的关系，使公司制度成为一个完整的体系，从某种意义上讲，也是对公司制度的简化。倘若公司的各项制度没有明确的归属，重复的制度就会增多，公司的日常管理就会变得纷繁复杂。

公司在制定制度时，自然是越细致越好，但是倘若没有一个完整的体系，细密的制度就会变得繁琐不堪，公司的日常管理就会受到影响。温州一家皮革公司由弱到强的发展，也印证了这一点。皮革公司的老板并不是经商管理的科班出身，在社会打拼几年之后，积攒了部分资金，才下定决心自己创业。

公司创立之初，管理十分松弛，发展举步维艰。皮革老板在管理人员的建议下，着手完善公司制度。各个部门积极响应，新的规章制度很快开始实施。管理者们一个个充满希望，期待着公司的长远发展，可是得到的却是失望。生产中的失误似乎变得更多了，各部门之间的冲突也在增加。

在这种情况下，皮革老板不得不重新审视公司的制度。他发现公司的制度过于杂乱，某件事情业务部门要管理，生产部门也要管理，某项条款即出现在生产管理条例中，又出现在后勤管理条例中，这无疑会降低公司的运作效率。皮革老板开始对公司制度进行精简梳理，制定出一套明确完整的制度体系，公司的运作开始走向正规。仅仅几年，该皮革厂就成为温州的支柱企业之一。

铺天盖地的制度会让管理变得杂乱无章，从而降低公司的运作效率。

因此，制度设计是必要的，但关键要有全局性的安排，并以提升效率、增长效益为前提。那种为了盲目追求制度管理而将制度安排泛滥的做法，其实是本末倒置，是制度建设的重大失误。对此，领导人要致力于建立一个完整、明确、精简的公司制度体系，才能发挥制度的效力，真正提升管理水平。

8 越是模棱两可的事情，越应该制度化

企业管理最忌讳的就是“差不多”，员工的工作要求是怎样就是怎样，如果处处都是差不多，那么企业的整体劳动效率就会差很多。对于管理者来说，越是模棱两可的事情越不能打马虎眼，因为这些地方往往最容易出问题，只有尽早实现制度化，才能避免因为制度漏洞而给公司造成不必要的损失。

从专业角度上来讲，制度化的前提是目标本身一定要清晰，可量化，即可度量，可考核，可检查。任何一项工作本身都不可能是模棱两可的，所谓的“模棱两可”不过就是工作内容不好量化，检查工作比较费时费力，但这并不能成为我们拒绝制度的理由。

李明是一家塑料生产企业的生产部经理，自企业成立以来，废品率便一直居高不下，而且成品也常常因达不到客户要求而产生投诉问题。为了改变这一现状，他亲自解决客户的投诉，并试图找到产品质量背后的根本原因。

通过收集的数据显示，超过80%的客户不满意的原因是塑料成品中有明显可见的杂质。找到了问题根源后，李明便亲自来到了生产车间，然而询问了几名员工之后，他便发现了一个明显的制度漏洞。尽管生产

制度中有“有明显杂质、污点的产品视为废品”的规定，但为了降低废品率，对于那些不太明显的杂质和污点，质检人员也就睁一只眼闭一只眼。

什么样的杂质、污点才算明显，什么样的才算不明显呢？显然每个员工的衡量标准都不同，正是这种模棱两可造成了客户投诉。越是模棱两可的事情，越应该制度化，找到问题根源的李明马上细化了生产制度，要求杂质、污点的直径等于或大于1mm的产品均视为废品，为此他还专门给每位生产以及质检人员配备了高精度的尺子，以方便大家贯彻执行。

事实证明，李明的这种做法是十分明智的，原来模糊不清的成品衡量标准实现了制度化，有明确详细的条款可循，这样一来不仅保障了产品的质量，也避免了部分马大哈的员工钻制度的空子，实在是一举两得。

任何一个企业都存在相对模糊的管理区域，作为管理者千万不能任由这些事情模棱两可下去，一定要尽可能地实现制度化。对于那些很难用硬性制度去约束的工作类型，硬制度不好管控，不妨采用软制度，既借助员工满意度打分或客户满意度打分等方式来进行工作监督和检查。

9 管理，就是用好的制度取代不好的制度

制度并非是一成不变的，企业的发展阶段不同，外部的市场竞争环境不同，管理制度也要有所不同。作为管理者，职责之一就是用好的制度取代不好的制度。俗话说：“制度不完善，麻烦就不断。”这种说法并非危言耸听，如果我们总是满足于已有的制度，而不懂得根据时代变化去完善它，那么，必然会在不知不觉中落后于竞争对手。

有一部分管理人员，错误地以为完善的制度是可以一劳永逸的，他

们花大力气打造一套所谓的“完美”制度，而后便一头扎进去，盲目地贯彻执行。殊不知，市场从不是一成不变的，客户需求也难免会发生变化，如果企业制度不能与市场、与客户相契合，那还不如没有制度。

老陈是某品牌冰箱的业务经理，为了迎接即将到来的五一节，公司决定给消费者让利，以促进终端销售，高层管理人员经过反复协商后最终确定了促销方案，即消费者买冰箱，便可以获赠一个电火锅。

在促销期间，作为业务经理的老陈，接到不少消费者的投诉，不少客户都对不给包装袋的行为表达了抱怨，为了一个免费的赠品，还要自己掏钱买包装袋，心里很憋气。公司并没有专门关于赠品的管理规定，对于赠品的包装问题，常常是员工按照个人意愿来解决，所以免不了与客户发生争执。

尽管企业制度已经算得上完善，但客户的需求在变，所以制度也要跟着完善。为了减少消费者的投诉，老陈将这件事反馈给了分公司总经理。几个高层管理一碰头，立马传达指令：所有赠品均提供包装，销售员不得因此而与客户发生争执，违背规定者，将给予严厉警告。

果不其然，消费者关于赠品问题的投诉少了很多。促销活动结束后，总经理将这条指令写进了公司的规章制度。此后，再也没有发生过因赠品包装而引发投诉的现象，该品牌的冰箱市场口碑也越来越好。

随着企业的成长和市场环境的变化，对企业制度进行修补、完善或调整是十分必要的。试想，如果固守原来的制度，且对新出现的问题不予理会，肯定会被消费者所唾弃，被市场所淘汰。

对制度进行适当地修补、调整，并不会破坏制度建设的稳定性和权威性，反而会有利于企业的成长。作为管理者，我们要时刻准备着用更好的制度取代原来的旧制度。一个优秀的管理者，往往懂得审时度势，他们依据周围环境以及企业自身的变化不断完善制度，这才是值得我们学习和借鉴的地方。

10 制度的本质，是对一把手的制约

联想集团董事长柳传志认为，管理问题归根到底是管理者本人的问题，而不是被管理者的问题。许多老板也强调制度化管理，但是他们口中的制度化，仅仅是对员工的约束，从来不包括自己。

企业的制度能否很好地执行，关键在于一把手。企业的一把手是企业之舟的掌舵者，他的决策往往决定着轮船是驶向富庶的岛屿，还是沉没在冰冷的海底。因此，企业的一把手更应该遵守企业制度，成为企业制度的模范维护者。

企业制度应该具有最高权威，无论是谁都应该按照制度办事。当领导者个人意志与企业制度发生冲突时，个人意志应该无条件地服从公司制度。任何一个企业，领导者的行为都是员工学习、模仿的样板。领导者以身作则，才能在员工心目中树立权威。倘若企业的领导者不知道约束自己的行为，却总是对员工过分要求，员工势必会心生不满，这样下去，制度的执行也就成了走过场。

“善治人者能自治”，好的领导者总把自己看作企业的一部分，他们以公司制度严格要求自己，从而赢得了员工爱戴和追捧。华人首富李嘉诚就是这样一位一把手。李嘉诚自创业之初，就时刻以公司制度严格要求自己。他始终把自己当成公司的一名普通员工，出入公司，严格执行公司的门禁制度，主动到门卫室签到。虽然只是一件小事情，却可以从中看出李嘉诚对公司制度的绝对遵守。

李嘉诚从不会利用权力，为自己谋求方便。李嘉诚老家的子侄辈总想到长江集团谋求生计，李嘉诚从来都是按公司规定办事，有能力

的留下来，能力不够的走人。由于李嘉诚的以身作则，长江集团任人唯贤，几乎没有拉关系、走后门的现象。这就大大提高了长江集团的员工素质。

企业的领导者对制度的遵守，是企业管理走上正轨的关键。制度的本质就是对一把手的制约。企业制度一旦确立，就必须有绝对的权威，任何人不能凌驾于制度之上，任何人都必须在制度允许的范围内办事，尤其是“一把手”。

11　一套好的制度比多几个人管理更重要

邓小平同志曾精辟地论述了制度的重要性，他说：“制度好可以使坏人无法任意横行，制度不好可以使好人无法做好事，甚至走向反面。”用制度来管理企业，来解决问题，是一项比“人治”更重要的管理之策，是一项更具稳定性、长期性和根本性的管理之道。

很多企业在创立之初，由于创始者的能力和个人魅力出众，即使没有规范的企业制度，他们也能带领企业走向某一发展高度。然而，当他们卸任之后，如果企业依然没有规范的制度，那么新任的领导者就很难带领团队超越创始者，而且很容易走下坡路。即便企业多聘请几个能力出众的管理者，如果没有一套好的制度，也难以把企业经营和管理好。

相比之下，有些企业在创办之后，有一套好的管理制度，无论企业接班人、管理层如何更替，无论企业经历了怎样的风浪，只要企业按照这套制度去管理，并随着企业的发展，不断完善制度，也能一步步发展壮大。所以说，一套好的制度，比多几个人管理企业更有效，好的制度才是真正的老板。

17 至 18 世纪，英国船只经常押送犯人到澳洲，当时私营船主是按上船的人数收钱的。由于每艘船运送的犯人数量过多，船上生存环境恶劣，加之船主为了多赚钱，克扣犯人的食物，导致很多犯人因饥饿、患病在中途死去。更残忍的是，有些船主还会虐待、毒打犯人，甚至干脆将犯人扔进大海里。

后来英国政府制定了一项新规定：按活着到达澳洲的犯人数付钱给私营船主。这一下，船主们绞尽脑汁，千方百计地让犯人活着到达目的地。从那以后，犯人中途死亡率大大降低，最低死亡率只有 1%，而原来最高死亡率竟高达 94%。可见，不好的制度会把“活人”变成“死人”，而好的制度能把“死人”变成“活人”。

有一家降落伞制造厂，其产品的不合格率一直高居 2%，公司换了好几任总经理，也无法降低产品的不合格率。后来，一位新上任的总经理颁布了一道命令：从今天开始，全体员工立即停工，从管理者到普通员工，全体赶赴跳伞训练场，使用我们厂生产的降落伞接受跳伞训练。此外，公司还规定：从今以后，凡是我们生产的降落伞，在出厂之前，都要抽样由工人轮流试跳。这项规定一经颁布，该厂降落伞的不合格率马上下降为零。

可见，不好的制度会使企业遭遇发展瓶颈，走向山穷水尽，好的制度可以使企业迎来柳暗花明，走向充满希望的春天。“把坏人变好人”的制度能造就伟大的公司，而一个腐朽没落的制度只会把聪明人变笨、把勤劳人变懒。

管理企业和员工，靠的是制度。好制度才能激励员工，才能保护员工的积极性，使坏人干不了坏事，不得不做好事。时间长了，坏人就变成了好人，这就是最伟大的制度。

12 完成从“老板第一”到“制度第一”的过渡

一个有经验的管理者，往往善于使用制度。但从现实条件来看，很多小企业没有一套完善的管理制度和办法，他们通常靠口头约定或老板带员工、老员工带新员工的方法来告诉大家：什么事情可以做，什么事情不能做。

然而，当企业发展到一定规模后，这种粗放式管理的弊端也就显露了出来，这时候就必须要完成从“老板第一”到“制度第一”的过渡，只有用制度管人管事，才能更好地克服企业发展所带来的管理问题。

一般来说，每家企业的经营性质不同，人员构成也不同，因此其制度也会存在较大程度的差异，在制定规则的过程中，一定要考虑到自身的实际情况，并适应时代环境的变化，只有多方面考虑，才能制定出更为合理的企业制度。

日本东芝以电子产品而闻名全球，众所周知，电子产品的生产对制造环境的要求相对较高，对于某些特定产品而言，必须要做到“无尘”，甚至是“无菌”，只有这样，才能少出废品，提高产品合格率。东芝的生产车间由少到多，生产人员也逐步增加，原本的粗放式管理已经远远满足不了管理需求，因此，必须制定规范详细的制度，来保证多家工厂生产行为的一致性。

在这种情况下，企业管理层很快完成了管理制度的转型，东芝结合自身的生产环境以及对产品的生产要求，制定了一系列从头到脚的净化标准。为了把制度落到实处，管理层还制定了相应的奖惩措施，如不遵守相关制度，轻则批评检讨，重则会给予经济上的处分。

随着企业规模发展壮大，员工人数也会随之增长，人少则“老板第一”，人多则必须要靠制度。东芝及时地完成了从“人治”到“法治”的转变，从而保证了企业发展各个阶段的简化有效，这正是其成功的秘诀之一。

初创的小企业一般都是以老板意志为主导的粗放式管理，不管是人还是事，一概都是老板一个人说了算。这种管理办法适用于小企业，随着企业规模的扩大，老板的个人精力明显不够用。这时，管理办法也必须与时俱进，停留在以人管人的基础上只会限制企业的发展。实质上，管人管事靠制度说话才是提高管理效率、促进企业不断发展的秘诀。

第三章

制度的执行，不讲如果只讲结果

BIERANG
ZHIDU HUILE
NIDE TUANDUI

1 制度的生命力在于不折不扣地执行

建立一套合理的规章制度是经营和管理好企业的前提，但是有了制度不等于高枕无忧，如果有合理的制度，却没有有效执行，那么会出现什么情况呢？有这样一个案例：

一天晚上，某家公司的财务室被撬开，墙边的保险柜也被打开，柜内的20万元现金被盗。这笔钱是公司第二天急用的购料款，但这笔钱突然丢失了，严重影响了公司的正常业务。

然而，令人不解的是，这个保险柜是国内最先进的一款，柜子上面有报警器、电击系统和密码装置，而且密码系统由电脑控制。既然保险措施如此齐备，那保险柜为什么还会被盗贼轻而易举地打开呢？

事后经过调查发现，使用保险柜的出纳是个马虎大意的人。虽然公司制定了一整套财务保卫的规章制度，但是出纳根本没有按制度执行。在他看来，这个保险柜确实不错，但是他觉得公司很安全，没必要小题大做，因此他把钱放进保险柜之后，并没有将其锁上，而是虚掩着保险柜的门，便于他取钱。

有保险柜不用，有制度不执行，这样的保险柜还有何用？这样的制度还有何用？这个案例告诉我们，企业的规章制度再好，如果没有不折不扣的去执行，制度也会沦为一纸空文，无法发挥应有的作用。

很多企业制定了成套的管理制度、工作标准，大到厂纪厂规，小到领物规定、作息规定等，不可谓不完善。如果这些制度真的能贯彻执行下去，对企业绝对有很大的帮助。但遗憾的是，很多企业把制度当作花瓶和摆设，导致制度流于形式——做出来只是为了给别人看，却没有体现在执行中。

看看那些破产或倒闭的企业，它们破产或倒闭的原因在哪呢？很多人可能会说，管理者的决策失误，领导不力。也许有这方面的原因，但在管理者没有失误、公司制度没有问题的情况下，有些企业依然会破产，这是什么原因呢？其实，出现这种问题的根源在于制度没有得到有效执行。

东北某地有一家工厂倒闭了，之后该工厂被一家日本公司收购。日本总部只派来一位日籍管理者，他上任之后，没有风风火火地搞改革，而是遵照工厂原来的规章制度搞生产。结果不到一年，工厂就起死回生了。这是怎么回事呢？原来这位日本管理者上任之后，只做了一件事：强化制度落实。

这个案例告诉我们，企业倒闭的原因是多方面的，但根源可能不在别处，而在于制度没有得到不折不扣地落实。由此可见，制度再合理完善，如果没有强有力的执行，也没有意义。只有付诸实践，不折不扣地执行，制度才能发挥作用，企业发展才有保障。

把眼光放到那些发展势头良好、生命力强大的企业身上，你就会发现它们成功的原因所在。在这些企业，管理者一定是强化制度执行的人，绝不会无视制度的权威。当他们发现有不遵守制度的情况时，肯定会严肃处理，绝不姑息。

三国时期，诸葛亮挥泪斩马谡，在军中树立了不折不扣地执行制度的楷模。今天的康佳公司，严肃地处理了违反制度的员工，也为现代企业管理者树立了榜样。如果你想管好企业，想让企业不断发展壮大，一定要让公司的制度不折不扣地执行。

2 一流的执行比一流的点子更重要

很多管理者有一流的创意和点子，注重制定一流的战略，但是下属却用三流的执行力来对待一流的战略，最后的结果与想象中的大相径庭。但如果企业有一流的执行，即便创意和战略差一点，企业也会充满希望。

日本软银公司的董事长兼总裁孙正义与马云曾经探讨：“一流的点子加上三流的执行，与三流的点子加上一流的执行，哪一个更重要？”结果他们得出一致的结论：“三流的点子加一流的执行，比一流的点子加三流的执行更重要。”

1997 年 6 月，世界拳击史上爆出了一个丑剧。在一场重量级拳王争霸赛中，著名的拳王泰森与拳坛名将霍利菲尔德对垒。在比赛中，泰森急于求成，他想在短时间内结束战斗，但对手霍利菲尔德却采取拖延战术，他不急不躁地按既定的战术比赛，并利用身高臂长的优势，很好地牵制了泰森。

每当泰森使出组合拳时，他就对泰森搂搂抱抱，这样极大地消耗了泰森的体力。泰森有劲使不上，因此非常恼怒，在愤怒之下，他居然咬下霍利菲尔德的一小块耳朵。没想到，当霍利菲尔德处理好伤口继续登台比赛时，泰森再次咬了他的耳朵，裁判只好终止了这场荒唐的比赛。

比赛后的第二天，美国有个大型超市就出现了一种名叫“霍利菲尔德”的巧克力，就像人的耳朵，其形状栩栩如生。这种新奇的巧克力，立即引起了好奇幽默的美国市民的哄抢，大家都想像泰森一样咬老霍的“耳朵”，过把瘾。那家生产“霍利菲尔德”巧克力的厂商因此大赚了一笔。

“耳朵”好吃吗？生产“霍利菲尔德耳朵”这个点子未必是最好的，但由于该厂在最短的时间内，将这个点子付诸实施，很好地抓住了消费者追求新奇的心理，所以赚了一大笔钞票。如果你的企业也有生产“霍利菲尔德耳朵”的那种执行力，那么你定能抢先他人，抓住转瞬即逝的市场商机。

任何一家企业要想获得成功，都不能缺少执行力。团队执行力越强，企业越有希望。《执行力》一书的作者保罗·托马斯和大卫·伯恩，曾在书中写过这样一段话：“满街的咖啡店，唯有星巴克一枝独秀；同是做PC，唯有戴尔独占鳌头；都是做超市，唯有沃尔玛雄踞零售业榜首，而造成这些不同的原因，则是各个企业的执行力的差异，那些在激烈竞争中能够最终胜出的企业无疑都是具有很强执行力的。”

一流的执行力是企业生死存亡的关键，是企业核心竞争力的重要体现。如果企业没有执行力，那么企业就将失去核心竞争力。微软公司的创始人、世界首富比尔·盖茨多次坦言：“微软在未来10年内，所面临的挑战就是执行力。”实力如此强大的公司，都能如此强调执行力的重要性，那么，对于我们这些中小企业来说，更应该着力打造企业的执行力。

3 没有有效的执行，再伟大的战略都等于零

在一份针对1000名职业经理人的问卷调查中，面对“如何落实公司的目标”这个问题，80%的经理人的回答显得语无伦次和空洞无物。他

们多数这样回答：创造愿景、成立团队、授权员工等等，但是具体怎么做呢？他们没有提到，而问题恰恰就出在这里。

战略很重要，因为它意味着企业的发展轨迹；愿景规划也很重要，因为它是企业发展的方向；授权员工也很重要，它保证了每个员工都有展示自我才华的机会……但是不可否认的是，若想这些重要因素发挥作用，必须依靠执行力。如果没有执行力，那么所有卓越的方案都只是空谈，所有完美的计划都只是幻想。

执行力是决定企业成败的一个重要因素，是21世纪构成企业竞争力的重要一环。执行力是企业的核心竞争力，没有执行力，企业就没有核心竞争力。通用电气、IBM、微软、戴尔、松下电器等企业之所以成功，与其杰出的执行能力有着直接的关系。

如果提到近年来发展势头迅猛的卓越公司，我们就不得不提戴尔公司。戴尔公司在不到30年的时间里，一跃成为世界最大的PC制造商。这简直是一个神话。很多人把戴尔公司的成功归结于它所实行的直销策略，但客观地说，实行直销策略的企业有很多，但真正成就卓越的并不多。那么，戴尔公司的成功秘诀到底是什么呢？答案是：踏踏实实做事的执行文化。

在戴尔公司，管理者对于具体问题、细节问题十分关注，并且在20多年的发展中，这种关注具体问题的精神丝毫没有减弱和动摇。与很多公司老犯“言出不行”的错误不同，戴尔公司具有言出必行的传统美德。每一名员工都必须尽职尽责地对待自己的工作，每一个环节都在上级领导的监督下落实到实处。

正是由于每一名戴尔员工都重视具体的事情，公司所实行的订单生产才能取得最大化的经济效益。因为只有把每一个环节的工作落到实处，企业的存货周转率和资金周转速度才能得以提高。怎样才能把每一环节的工作落到实处呢？要做到这一点，不仅需要员工明确自己的职责，并且把自己职责范围内的工作做好，更需要高层管理者将关注的焦点从美好的设想转移到具体的问题上来，然后制定可执行的行动方案，并关注方案的执行进展。

一个企业要想取得卓越的成就，仅有卓越的战略规划是不够的，还必须有脚踏实地落实计划的韧性和勇气，这就是执行力。正如欧莱雅（中国）有限公司的总裁盖保罗先生曾说的那样："一个企业要想取得成功，就必须既要像诗人一样有激情，又要像农民一样实干，只有诗人加农民才能站稳脚跟。"

实际上，不论是诗人的激情，还是农民的实干，都不应该仅为企业中的某个人或某些人所有。不管你是 CEO，还是中层领导者，你都应该同时拥有这两种精神，这样你才能把战略和执行有机地融合，把理想和现实完美地结合在一起，才有机会立足现在，创造未来。

4 做老板，就要把执行力当做经营成败的关键

很多人把公司经营失败的原因归咎于策略失误，2003 年初，拉里·博西迪和拉姆·查兰所著的《执行——如何完成任务的学问》一书问世并风靡全球，他们在书中指出：执行力才是企业经营成败的根本原因。

通用公司前 CEO 杰克·韦尔奇很早就说过："即使是错误的决策，我们也可以通过执行来把它做对，而不是再回来讨论。"这个观点有力地证明了一点：执行力才是企业成败的关键，如果没有执行力，一切创意、战略、计划都将成为空中楼阁。

在上世纪 90 年代以后，凡是高速发展并且发展很好的世界级企

业，都是因为他们有好的执行力。IBM总裁郭士纳曾说：“一个成功的企业和管理者应该具备三个基本特征，即明确的业务核心、卓越的执行力及优秀的领导能力。”在他看来，执行力是企业成功不可缺少的特征之一。

思科系统公司（Cisco Systems，Inc.）是全世界最大的网络设备公司，也是2000年全世界股票市值最大的公司。很多人认为，这样一个拥有强大技术和实力的公司，其核心竞争力肯定是技术，但是Cisco全球副总裁林正刚却认为Cisco的成功不在于技术，而在于执行力。由此可见，世界级的大公司多么重视执行力。

执行的关键在领导，如果领导者能强化贯彻，对提高企业的执行力是很有帮助的。当然，企业的成功主要靠团队执行力，团队有执行力，企业才有竞争力。把团队的执行任务分解到个人，就可以看出个人的执行力。从每一个员工的执行力上，可以看出企业的团队是否有执行力。

在执行中，很多员工是为领导而做的，领导说什么，他们就做什么。对此，周厚健表示，执行绝不是领导说一句，你就做一件事；领导布置一个任务，你就完成一个任务；执行不是为领导而做，而是为企业而做。

那么，如何强化团队的执行力呢？

第一，树立明确的目标，确定执行力的方向。确定目标是一个老生常谈的话题，但确定目标并不是容易的事。确立目标的基础是，前期做大量的分析调研工作。在制定大目标之后，要进一步将目标分解，所谓“千斤重担大家挑，人人肩上有指标”，这里的指标就是每个员工的目标。如果每一名员工都能完成自己相应的指标，那么企业的大目标就能得以实现。

从企业“大”目标到部门“中”目标和员工“小”目标，体现了目标的层级关系。正是因为有了目标分解，目标才会越来越具体，越来越有操作性。当企业目标明确时，大家才会各司其职，而不是像盲人骑马，走到哪算哪；当企业目标明确时，各个部门、各个员工才能在执行中形成一股合力，从而更好地发挥聪明才智，促进目标的达成。

第二，引导员工实现团结协作。团结协作是一种良好的职业道德，需要企业营造一种团结协作的环境。要想做到这一点，可以从这样几个方面入手：一是树立美好的愿景，让员工看得到企业的前景，为共同的奋斗目标而努力；二是建立明确的工作职责与工作目标及合理的薪酬体系，因为清晰的工作职责与目标，对员工找准努力的方向十分有利；三是加强员工教育，培养他们团结协作的合作精神。

5 执行就是：现在、立刻、马上

在西点军校，每个学员都要接受一个观念："不要拖延，立即行动!"皮鞋要及时擦干净，被子要及时叠整齐，不容许有丝毫的拖延。想想吧，如果不是擦皮鞋，而是在战场上，在修筑工事，在对敌冲锋时，你拖延的习惯将会给你、给全军带来多么可怕的后果。这并不是把问题绝对化。因为商场和战场一样，工作就像战斗。要想在商战中立于不败之地，管理者就要充分激发员工的执行力，从而带出一支高效的、有战斗力的团队。

人们常说这是一个"大鱼吃小鱼"的时代，其实，更准确地说，这是一个"快鱼吃慢鱼"的时代。速度在企业竞争中越来越重要，当企业决策出台后，要求的是现在、立刻、马上去执行，不容许有半点拖延，这样的执行力才是最高效的。

在当今激烈的市场竞争中，衡量一个企业、一个团队、一个员工的执行力，关键是看速度，看效果。如果一个团队能在保证完成任务的同时，以远远快于同行的速度去执行，那么这个团队将会所向披靡，这个企业将会前景无限。反之，如果团队执行速度慢，就很容易贻误商机，这样一来再完美的执行也会失去价值，这样的团队就没有执行力了。所以，大凡成功的企业家都倡导“现在、立刻、马上”去执行。

1999 年 2 月的一天，马云带领从北京回到杭州的 18 人，在自己家里召开了一次全体会议。这次会议之后，18 个像马云一样的“疯子”就开始迅速行动起来。其实，当时很多人并不理解马云的创业意图。当马云把网站的经营模式和盘托出时，程序员不同意，一些编辑人员也反对，他们对电子商务模式的认识还停留在 B2C 和 C2C 上。这也不怪他们，因为当时世界上成功的电子商务模式只有这两种。

在 18 人中，多数人认为马云的脑袋里装的 B2B 模式不可能成功。马云努力倡导自己的想法，但是没能说服他们，在这种情况下，马云只好用一个创业“头儿”的身份来下命令：“你们立刻、现在、马上去做!”

马云下令后，团队没有任何怨言，大家分头行动，快速展开执行。事后马云说：“我很少固执己见，100 件事里难得有 1 件。但是有些事，我拍了自己的脑袋，凡是觉得自己有道理的，我一定要坚持到底。”在后来阿里巴巴的发展过程中，像这样的情况出现过很多次。

有人说，阿里巴巴不是计划出来的，而是在“现在、立刻、马上”的执行理念中干出来的。在马云的带领下，阿里巴巴团队朝着自己认为正确的方向疯狂奔跑，最后他们成功了。

当然了，每个企业都渴望高效的团队执行力，但是执行力的提高并不是简单的事情。企业要想为执行提速，必须建立一套完善的控制制度。这套制度要为执行排除不必要的障碍，比如，消除繁杂的程序、严重的等级、官僚主义、推脱责任、拖延等不正之风。这套制度还要求每个管理者带头落实，每个员工严格遵守，并且大家还要互相协作，只有这样，团队执行力才能成功提速。

6 执行力不讲如果，只讲结果

“不找借口”是西点军校流传已久的传统。在西点军校，不管长官问什么，学员只有三种回答：“报告长官，是。”“报告长官，不是。”“报告长官，我不知道。”除此之外，不能多说一个字。当长官向学员下达指令时，学员必须重复一遍军官的指令。当长官问学员：“有什么问题吗?”学员通常的回答是：“没有长官。”这就意味着接受了长官的命令，意味着承诺和责任，剩下的就是不找借口、绝对执行。

当长官问：“为什么不把鞋擦亮?”如果学员回答：“哦，鞋脏了，我没时间擦。”那么，很可能遭到长官的一顿训斥。因为长官要的是结果，而不是似是而非的借口。没有任何借口是西点军校奉行的重要的行为准则，它强化了每一位学员的执行力，提高了每一位学员的责任心。从西点军校走出来的学员在工作中很少找借口，因为“不找借口”的理念已经烙刻在他们的思想里。

德国国家足球队也有不找借口的传统，他们在足球场上取得过辉煌的战绩。其中，最大的原因就是彻底贯彻教练的意图、承担自己的角色所担负的任务。即使球队在场上比分落后，全队陷入困难，他们也一如既往地执行既定战略，不找任何借口。他们从来不会说：“如果我们没有落后，我绝不会放弃防守，疯狂进攻。”这种执行精神是每个企业管理者都应该具备的。

彼特是公司的营销部经理，主要负责产品营销业务，深得上司的器重。然而，有一次他由于执行不力，导致一笔重要的业务被别人抢去了，给公司造成了较大的损失。事后，领导询问他为什么错失这笔业务，他说："如果不是我的脚伤发作，我就不会晚半小时到达，那笔业务就不会被对手抢去。"

原来，彼特曾经历了一次车祸，他的脚在车祸中受伤了。不过，受伤并不严重，只是轻微的跛，根本不影响正常行动，也不影响他工作。如果不仔细看，谁也不知道他跛脚。领导听了他的解释，虽然不是很高兴，但是想一想彼特给公司做出的贡献，就原谅了他。没想到，领导的宽容没有换来彼特的回报，反而使彼特越来越频繁地找借口。每当遇到有点棘手的业务时，彼特就会以腿脚不便为由来推诿工作。如果有比较好揽的业务时，彼特就会跑到领导面前，说："我的脚不行，公司应该在业务方面对我照顾点。"

渐渐地，彼特养成了找借口的习惯，每当执行不力时，他就会找借口推脱责任。时间一长，他的业绩下滑了很多。领导原本器重他，见他越来越爱找借口，对他感到非常失望。终于有一天，领导忍无可忍，将其扫地出门。

职场是一个靠业绩说话的地方，而不是靠借口生存的地方。俗话说："躲得过初一，躲不了十五。"你找借口能混一时，却无法一直混下去。

综观《财富》500 强公司中的管理者，他们有一个共同的优点：执行只讲结果，不讲如果。无论在执行中遇到何种困难，他们都会想尽办法去解决，他们相信方法总比困难多，他们牢记自己的责任，一旦接受任务，就会负责到底。正是因为执行力强，他们才能成为世界 500 强企业中的一名管理者。

7 有了制度不执行，比没有制度还糟糕

制度是企业发展壮大的先决条件。但是，有了良好的制度，并不等于企业就可以高枕无忧了。在制度的执行和遵守上出现差错，比没有制度还要糟糕。在执行制度上出现问题，会给员工造成“制度是一纸空文”的心理，严重影响企业的日常管理；在遵守制度上出现问题，员工就会错误不断，公司也会因此蒙受巨大的损失。因此，管理者必须十分注重制度的执行和遵守。

有制度容易，执行制度难，让每个人都遵守制度更难。如果想让公司制度切实发挥它的作用，管理者必须严格执行制度，坚决按照制度办事，绝不能偏听偏信，杜绝息事宁人的想法；员工必须对公司制度绝对服从，不能钻制度的空子，也不能得过且过。

没有制度很可怕，有了制度不执行就更可怕。有时候，公司的很多事情并不是坏在制度上，而是坏在对制度的执行上。某造纸厂生产车间发生了严重的火灾，几十万的成品和原材料化为灰烬，数十名员工被大火吞噬，葬送了宝贵的生命。事后，心力交瘁的厂长做了深刻反省，他将这场大火的起因归结于所有人对制度的轻视。

该生产车间在改组之后，有许多插座空闲下来。有时车间工人在工作时间手机没电了，就会用它们来充电。这些插座是建厂之初安装的，大部分都已经老化，很容易出现故障。公司就制定一条纪律：严禁使用车间的插座。然而，长时间来车间插座没有出现任何问题，管理层就睁一只眼闭一只眼。慢慢地，有些胆大的员工开始用电饭煲煮夜宵。而电

饭煲就是这场大火的导火索。一天大家上夜班，某产线组长应大家要求，为大家煮方便面当夜宵。长时间的连续使用，劣质的电线胶皮开始融化，随后插座喷出火星。旁边放置的成品，被火星喷到之后迅速燃烧，造成了这场重大生产事故。

倘若该造纸厂的管理人员在制度制定之初就严格执行，员工就不会在车间大肆用电，这场事故也就不会发生。管理企业离不开良好的制度。若不能严格执行制度，再好的制度也会变成危险的毒药。

企业执行力的大小，是衡量其竞争力的关键因素之一。把制度束之高阁，让制度成为一纸空文，只会助长我行我素、任性妄为的不良作风，长此以往，企业的向心力和凝聚力就会涣散，竞争力就会减弱。只有按制度办事，制度的威慑力才能呈现出来，违反制度的人才能够从中吸取教训，其他人才会引以为戒。

8　令出如山，绝不能妥协

深圳万科企业股份有限公司董事长王石说过："企业最缺的不是制度，而是制度的执行。"有制度没执行，制度就会成为一纸空文。在中国企业中，一个最大的问题就是制度多、执行少、执行不到位。难怪海尔集团总裁张瑞敏说："制定一项好的制度不易，能够坚决执行则更重要。"

有个成语叫"令出如山"，意思是军事命令像山一样不可动摇。形容上司下达命令，下属坚决执行，不找借口，不得违抗。真正好的执行就应该如此，绝不允许下属找借口，上司绝不能轻易向下属妥协。

企业老板应该有威严，发出一项命令之后，就要让员工坚决执行，绝不容许员工拖拖拉拉、打折扣地执行任务。只有这样，企业的决策才能落到实处，才能为企业带来效益，才能保证企业的发展。

总经理对后勤部门的张主任说："张主任，每年的这个季节都是火灾的高发期，去年就有一场大火把我们邻居单位烧光了，损失惨重。今年我们一定要做好火灾的防范工作，坚决避免发生火灾。"

张主任说："明白了。最近几天我在忙手里的工作，过几天我就把你的话传达给全体员工。"可是，张主任这一拖就是半个月，半个月后，张主任才向全体员工传达总经理要求大家防火的旨意。但是不到3天，公司的厂房就失火了，很多原材料被烧毁。

总经理怒气冲天，把张主任叫了过来，对他吼道："前些日子，我跟你说过，要让大家注意预防火灾，你有没有传达我的指令，你是怎么做的？"张主任两眼干瞪着，说："我跟大家说过啊，一定要把火灾的引起者找出来，要严惩……"

总经理这叫"令出如山"吗？当然不叫！军令如山是指命令发出之后，要让下属立即、马上去执行，而不是听到下属说"我最近有点忙，过几天再执行"后，就说："好吧，你过几天再做也行。"尤其是重要的事情、重要的命令，一定要注意执行的时效性，一旦拖拉，就可能酿成大祸。

总经理对张主任听之任之的态度，叫"令出如山"吗？当然不叫。令出如山是指一定要让下属执行到位，一定要有一个好的结果，而不是把上司的话传达给下属就完事。在命令下达后，一定要制定相应的防范措施，比如，让张三检查一下灭火器，看看是否需要更新；让李四调查一下市场上的防水系统，看看是否需要买一台新的回来；让王五联系当地的消防部门，组织一次全体消防培训。再组织员工研究一下火灾的隐患在哪里，让大家加强防范。这才叫真正的执行，这才是令出如山。

老板一定要像军官将领一样下达任务，做到令出如山。无论员工找什么借口，说什么理由，有什么困难，老板都不能轻易改变已经发出的命令。老板可以给员工提出建议，为员工执行提供条件，但绝不能允许员工拖泥带水，拖延执行。如果员工执行不力，该挥泪斩“马谡”就要当即立斩。只有这样才能保证执行的效果，也才能树立老板的威信和影响力。

9 制度执行要从小抓起

俗话说：“一屋不扫何以扫天下。”对执行来说，一件小事都不能执行到位，又怎么保证把大事执行到位呢？因此，真正的执行应该从小处抓起，从小事做起，这不仅关系到细节问题的处理，更关系到员工工作态度的历练。

很多著名的企业都十分重视从小处抓执行力，比如，全球第一零售巨头沃尔玛有一个“微笑制度”，该制度规定：员工必须向 3 米内的顾客微笑致意，微笑的时候，要露出 8 颗牙齿。沃尔玛还规定，员工在回答顾客的提问时，永远不能说“不知道”，如果有不知道的，应该立即想办法帮顾客解答。今天的沃尔玛能够在全球各地开分店，与从小处抓执行力是分不开的。

有些管理者对于执行要从小事抓起认识不够深入，认为没必要纠结于小事，而应该抓大放小。殊不知，企业竞争力的打消，往往取决于企业要素中最薄弱的一环。只有真正重视小事，从小处抓执行，才能让人把执行意识带到工作的任何地方。

三十多年前，格茨·维尔纳在德国创办了第一家“无限的爱”（组织）日用品和化妆品连锁超市（DM）。在经营管理过程中，他非常注重执行细节，非常重视从小事上抓执行。靠着执著的执行精神，他先后创办了第二家、第三家分店，公司的规模也越来越大。

一次，维尔纳巡视一家DM分店时，突然叫分店经理把扫帚拿过来。分店经理将扫帚递过来，疑惑地问道：“维尔纳先生，你这是要干什么啊?”维尔纳说：“你看灯光的亮点都聚集在地上，不是很浪费吗?”说着，他用扫帚把灯管拨了一下，让灯光照在货架上。

这么小的事情，维尔纳都关注到了，并且身体力行地为员工示范，这让员工记忆深刻。正是靠着这种追求细节的执行力，维尔纳的连锁店开到了1370多家，拥有两万名员工，年销售额高至近百亿欧元。

当人们问维尔纳将企业做大做强的秘诀时，他的回答是“以身作则地注重细节”。他解释道：“这样做永远比下达批示给员工留下的印象深刻得多。当然，我不可能每天都到所有的分店跑一圈，每个细节都不放过，所以，这就是我在全公司打造细节执行力的原因所在。我不但要自己注重在细节中执行制度，更要让全体员工都重视细节。”

著名管理学著作《执行》的作者拉里·博西迪，曾在通用汽车公司工作过二十年，他曾经说过一句名言：“如果你想把结果做好，就要在过程中重视小事。战略也好，制度也罢，抑或是理念，都应该落到实处。你追求小事有多深入、多执著，执行力就有多好，取得的成效就有多好。”作为管理者，只有重视小事，从小处抓执行，才能确保执行到位。

10 要学会用制度让执行“提速”

微软公司创始人比尔·盖茨曾经说过：“微软在未来十年内，所面临的挑战就是执行力。”其实，对任何一家企业来说，执行力都是永远不能忽视的要素，如何提升企业的执行力是管理者每天都必须思考的问题。到底怎样才能保证企业的执行力呢？其实，最简单的一招就是制定规范的制度，用制度为执行“提速”。

企业可以根据实际情况制定规章制度，并把它公布于众，使每一位员工都知道哪些该做，哪些不该做，做到什么标准，做好了能得到什么奖励，做不好会受到什么惩罚。通过这些制度，员工的行为得到了规范，员工明确了做事的流程，凡事有章可循，那么执行力自然会大大提高。

朱厂长是温州乐清五金机械厂的老板，1992 年的一天，他在上海出差，住在上海大方饭店。晚上，他吃完晚饭就在街上瞎晃悠。这是他最喜欢的一种休闲方式，他把这叫做“跑信息”，又将它称之为“捡钞票”。

当时上海的大街小巷到处是糖炒板栗的小摊小贩，街头巷尾飘着板栗的香味。有一家食品店的板栗特别受欢迎，大家排着长队买板栗。朱厂长观察买板栗的人，发现他们买到板栗后，往往会猴急似的剥、咬，费了老大的劲儿，才把板栗弄开，同时也把板栗弄得支离破碎。

朱厂长脑子一转，想到一个点子：如果有一个机器专门剥板栗，那岂不是很好？他的脑子高速运转，脑子里在画草图，用镀锌的铁皮制作，成本大概 1 毛 5 一个，出厂价大概 3 毛钱。

10 分钟后，朱厂长推开那家食品店的大门，找到了老板说明了自己的来意。老板听了他的剥栗器，产生了兴趣，认为肯定会受顾客欢迎。但要尽快上市，而且越早越好。他希望朱厂长在两个月之内搞定，但朱厂长微微一笑，说："不用两个月，一个星期之后我就给你送来。"

当天晚上，朱厂长就给温州老家的工厂传真了一个剥栗器的草图，两个小时后，模具出来了，冲床开始运转。三天后，朱厂长派人将一车剥栗器送到上海，大大小小炒板栗的贩子都成了他的客户。

朱厂长的团队为什么仅用三天时间，就能把剥栗器生产出来呢？当那位食品店老板惊诧地问他这个问题时，他笑着说："因为我们团队的执行力有制度作保证，每一次执行，都严格按照制度和流程来，不用走弯路，所以才会有速度。"

用制度为执行提速，这在朱厂长的团队身上表现得淋漓尽致。一套科学合理的制度，可以排除执行中不必要的障碍，可以化解繁杂的程序，消除官僚主义，避免员工之间相互推诿责任，拖延时间等不良情况。因此，制度是执行力的保障，按照制度去执行任务，速度是惊人的。

在如今这个快速变化的市场环境下，企业要想在竞争中高奏凯歌，就要想其形状栩栩如生，办法提升团队的执行力，而这又离不开严格的制度和流程。要想让流程变得简单，就要想办法精简办公环节，减少不必要的工作步骤。同时，优化内部机制，充分调动员工的积极性，比如，制定按劳取酬的奖励制度，就可以充分释放员工的积极性。再者，将大目标分解成小目标，让每个人都负责，谁负责的事情出了问题，谁就要受到惩罚，反之，则会受到奖励，这样还担心员工没有执行力吗？

11 有计划的执行才会让效果更完美

古人说："凡事预则立，不预则废。"意思是，不论做什么事，都应事先做好计划和准备，否则，就很难把事情做成。前苏联著名教育实践家苏霍姆林斯基曾经说过："敏捷而有效率地工作，就要善于安排工作的次序，分配时间和选择要点。"

在执行中，管理者应鼓励员工学会制定计划，按照计划去执行任务，这样效果会更好。怎样做计划呢？其实，只需要对所要做的工作划分步骤，分清阶段，规划好每一步做什么，每一天做什么，这样就能按部就班地把任务执行到位。许多优秀的企业家都十分重视有计划地执行任务，李嘉诚在这方面就是高手。

当年李嘉诚为了将长江塑胶厂的塑胶花打入北美市场，他特意制作了精美的产品广告画册，并通过香港有关机构，了解欧美各贸易公司的地址，然后把这些广告画册寄出去。不久之后，有一家实力强大的贸易公司对长江塑胶厂的塑胶花产生了浓厚的兴趣，他们对李嘉诚的报价也颇为满意，并表示会在一周之后派人来香港参观，以便更好地考察工厂，洽谈合作。

李嘉诚对这家公司十分重视，他了解到该公司是北美最大的生活用品贸易公司，销售网络遍布美国和加拿大。如果能够拿下这个客户，与它建立长期稳定的合作关系，那么对长江塑胶厂的发展十分有利。李嘉诚知道，该公司派人来香港考察，并不是考察他一家公司，怎样才能赢得该公司的信任与合作，才是他要做的事情。

当时长江塑胶厂论实力、产品质量、企业规模，都算不上老大，拓展欧洲市场时，由于他的企业规模有限，不被客户信任。因此，他决定吸取之前的教训。李嘉诚是怎么做的呢？他立即召开公司高层会议，宣布了一个艰巨的任务计划：在一周之内，将塑胶花生产规模扩大到令外商满意的程度。为此，要把旧厂房退租，把可用的设备搬迁到新厂房，购置新的设备，设备安装调试，招聘新人并对新人进行上岗培训。这一切都要在一周之内完成，任何一个环节出了问题，都可能使这个计划前功尽弃。

尽管只有短短的七天时间，但李嘉诚带领员工从容不迫地执行任务。哪组人该干什么，哪些工作由谁做，每一天的工作进度，李嘉诚都安排得十分妥当。七天之后，当那家公司的代表抵达香港时，李嘉诚新厂的设备已经完成了调试。李嘉诚让副手安排全员上岗，自己亲自开车去机场迎接客人。与此同时，李嘉诚已经派人在港岛希尔顿酒店为外商预定了房间……

一切都在李嘉诚的计划之中进行，最后，那家公司与李嘉诚签订了长期的合作协议，李嘉诚也由此蜚声全港，成为著名的“塑胶大王”。

李嘉诚能够赢得那家公司的信任，靠的不是运气，而是高效的执行力。正因为有了如此高效的执行力，李嘉诚才能在短短的七天里，完成一项浩大的工程，完成一个看似不可能完成的任务，最后把一个崭新的塑胶厂展现在商家眼前，让商家产生充分的信任感。

身为企业管理者，你很有必要在公司推行有计划的执行习惯，让每个员工在接到任务之后，都有制定计划的意识。比如，你让员工完成一个项目策划，员工脑子里会想到：我将用几天完成这个项目策划？第一天干什么？第二天干什么？如果每个员工都能如此有条不紊地执行任务，那么团队的执行力将会异常强大。

12 执行对事不对人，制度面前没有例外

一次，英国女王维多利亚与丈夫吵架，丈夫独自回到房间，把门关起来。过了一会儿，女王要回房间，只好敲门。丈夫在里边问："谁?"女王傲然回答："女王。"没想到，丈夫既不开门，也不吭声。女王只好再次敲门，里面又问："谁?"女王说："维多利亚。"里面还是没动静，女王只好第三次敲门，里边再问："谁?"这一次女王真的学乖了，她柔声答道："你的妻子。"这一次，丈夫终于打开了门。

这个有趣的生活故事告诉我们，无论你是女王，还是国王，在家里你就是普通的一员，根本没有特权，因为人与人之间是平等的。同样，在企业中，你尽管是管理者，但那只是你职位的不同，在制度面前，你一样是遵循者，否则，违者必究，因为制度面前没有例外。下面这个案例就很好地体现了这一点。

洛阳某矿井开展安全大检查工作，上午八点半，安全检查人员纷纷乘罐入井。洛阳义安矿业公司党委书记、董事长王宏昭和总经理杨运峰也在安全检查人员之中，正当他们准备乘罐入井时，却被当班的把钩工张安涛拦住了，"领导好！罐已乘满，请等下一罐！"

张安涛之所以让两位领导等下一罐，完全是因为公司有制度规定：每一罐定员 36 人。两位领导前面的队伍正好 72 人，上下两罐刚好载满。所以，他才会按照制度的规定，礼貌地拦住了两位领导。

当时有人对张安涛的行为不满，小声嘀咕道："挤一挤不就得了吗?干嘛那么死脑筋，真不知道天高地厚。"有人甚至出点子，让入罐的人

给领导腾出位置，但是张安涛还是坚持了原则。幸好两位领导没有生气，而是很服从管理地等候了10分钟，换乘下一罐。当天下午，在安全办公会上，张安涛被董事长公开表扬。

我们常说："法律面前，人人平等。"在企业里，制度面前，人人平等。即便是公司的一把手，也要遵守制度，只有这样，才能让其他人把制度当回事。如果领导者无视制度，任意破坏制度、践踏制度，带头"做坏事"，那又如何给员工树立榜样呢？案例中的两位领导在这一点上做得很好，面对员工的阻拦，他非常配合地服从，这是对制度的敬畏，也是对制度的最好宣传。

管理者一定要牢记一点：一旦制度建立，就要人人遵守，你是领导者也不例外。相反，作为领导，你需要带头去遵守制度，接受全体员工的监督，能否自觉地按制度办事，自觉地接受大家的监督，是一个管理者是否成熟的重要衡量标准，也是管理者树立个人影响力的关键。所以，千万不要觉得被人指正是件很没面子的事情，因为制度本身是公正客观的，是对事不对人的，想到了这一点，相信你就会平静许多。

第四章

别指望人人自动自发，有效监督才能为制度保驾护航

BIERANG
ZHIDU HUILE
NIDE TUANDUI

1 牢牢把控制度的每一个操作环节

公司的制度是一个巨大的系统，其执行的过程构成了一个前后相互影响的流程。如果流程的前一道执行到位，那么后一道的执行就会轻松很多。如果每一道都执行到位，那么整个流程就会顺畅地运转。相反，如果前一道程序执行不到位，到了后一道发现错误时，就要花大力气、花高成本去补救，往往会事倍功半。因此，牢牢把控制度的每一个操作环节就显得尤为重要。

一家专业从事包装瓦楞纸箱生产的公司，多年以来以产品质量过硬著称，深得客户的信赖，是众多客户争相合作的对象。然而，该企业的发展并非一帆风顺，曾经也出现过危机。

有一次，公司开发了一家新客户，该客户订了 1 万只包装箱，协议规定半个月内交货。公司接单之后，按照正常的生产流程安排生产。然而，在半成品生产过程中，由于工作人员的失误，选用材料错误。而且这一情况在交货前 3 天才被发现，生产部决定重新生产。但他们知道这样一来，要想按期交货已经不可能了。于是把这一情况反映给销售部，销售部马上与客户进行了沟通，客户同意延迟一周交货。

重新生产的过程中，在制作最后一道工序——印刷工序时，由于操作人员没有按照要求对印版进行擦拭和抽检，导致印刷内容模糊不清。这样一来，交货时间再次后延。无奈之下，销售部只好再次与客户协商，客户得知此消息，一气之下要求该公司赔偿损失……

最后，该公司的营销总监亲自登门拜访，与客户协商，客户才勉强同意延后交货，但公司为此也支付了一定的违约金，并且信誉大受影响。

在这个案例中，该公司之所以一次次发现问题，一次次违约，关键就在于没有牢牢把控生产制度的每一个操作环节，导致前面出现问题，严重影响后面的执行。这看似是一起简单的产品质量事故，其实它本质上是一个因流程监控不力导致的执行不力的问题。从这个案例中，我们可以发现：每一个环节都十分重要，任何一个环节上出了问题，都会影响整个制度的执行效率。

公司制度的各个操作环节，比如，制度的设计、制度的执行、制度的监督、绩效考核、奖惩制度等等，就如同木桶壁上的诸多模板，哪一个制度出了问题，都会影响制度最终的执行质量。比如，制度设计这一环节出了问题，导致制定了不适合企业的制度，员工在执行这个制度时，就会出现很多问题，影响企业的发展。再比如，企业的监督制度不规范，导致监督不利，也会导致很多问题发生。因此，管理者一定要有全局的眼光，牢牢把控制度的每一个操作环节，不让任何一个环节出问题，这样才能保证制度的高效执行。

2 监督与问责，对事不对人

一位管理者问："我们公司有一个骨干员工犯了错误，我想批评、追究他的错误，但怕他接受不了选择辞职；如果我不批评、追究他，我怕他还会犯同样的错误，这样两难的问题该如何解决呢？"

在企业管理中，很多管理者有类似的担忧，他们既想追究员工的错误，又怕员工接受不了。在这种情况下，很多管理者往往会选择做"老好人”，不去追究员工、问责员工。而出错的员工不知道自己错在何处，依然我行我素。这样下去，公司制度的权威性就被挑战了，其他员工甚至会认为，只要对公司有功，就可以重复犯错。

其实，监督、批评与责问是企业管理过程中不可缺少的手段。要想避免批评与问责带给员工不快，管理者就要本着客观公正的原则，做到“对事不对人”，这样才能把批评与问责带给员工的不快降到最低，同时让员工从批评与问责中发现自己的错误，积极地改正，不断进步。

所谓对事不对人，指的是只谈论事情本身，如事情的起因、经过、结果以及对评价事情本身。对事不对人的精髓是注重成果、尊重规则，它要求管理者把关注点放在事情和结果上。下面这个案例中的管理者 Robin 就真正做到了对事不对人地批评下属。

2002 年，百度公司正处于快速发展中，一方面他们要面对独立流量带来的用户，另一方面他们还要为与之合作的门户网站提供搜索服务。当时 Dan 主要负责百度服务器的稳定运行，因为百度服务器每天都要承受巨大的访问压力，这个压力已经接近了服务器承载的极限。如果访问人数再增加，就很可能导致百度服务器不稳定，严重影响用户的搜索体验。

然而，恰恰就在这个时候，销售部门新谈了一个门户网站，对方希望马上使用百度的搜索引擎服务。Dan 犹豫了，他知道如果开通这个服务，就可能超出百度服务器的承载量。但由于种种原因，Dan 没能拒绝这个服务上线。结果连续两天，百度网站的稳定性都很差，用户搜索时经常得不到正常的结果，那个刚开通的服务不得不紧急下线。

对于这一情况，Dan 的上司 Robin 是怎么处理的呢？正当 Dan 惴惴不安地准备接受批评时，脾气暴躁的 Robin 在例会上却没有对他发火，而是平静但很认真地说：“Dan，你的职责是保证百度服务的可依赖性，所以这次事故你有很大的责任，你要好好反思，以后不要犯这样的错误了。”

说完这些，Robin马上把话题转移了，他对大家说：“现在最关键的是怎么解决这个问题，赶紧讨论一下。”在讨论中，Dan说出了自己准备的解决方案，Robin非常认真地倾听，不时点点头，然后很投入地和他讨论解决方案中的细节。谈完事后，Robin邀请Dan周末一起参加娱乐活动，顿时，Dan心头的乌云消散了，他能感觉到上司Robin对他本人没有任何成见。

身为管理者，批评下属是在所难免的，要想下属接受你的批评，你务必坚持对事不对人的批评原则，否则，就很容易伤害下属的自尊心，令批评的效果大打折扣。怎样才能让下属感觉你对他没有成见，你只是在谈论事情本身呢？很多管理者就是这样做的，他们在批评之后马上对下属说：“我批评你是对事不对人，你不要往心里去。”这句话一出口，往往很容易化解员工对管理者的怨恨，这样可以让管理者的批评既有威力，又不至于得罪人。所以，懂得说这句话的管理者是聪明的。

3 责任明确，顺着流程直接找到事物责任人

在企业管理中，当你发现某项工作出了问题时，应该顺着执行流程，直接找到负责这项工作的负责人。通过与之交谈，了解出现问题的原因，并找到有效的措施解决现有的问题。对于出现的过错，该处罚的要处罚，该批评的要批评，绝不能姑息纵容。只有这样，才能让员工明白自己肩头的责任，更加负责任地对待工作。

有一家炸药厂经常出现安全问题，董事长感到非常忧虑，他与安全

工作的负责人谈话多次，也处罚过他们多次，还撤换了好几个安全责任人，但依然无法解决安全问题。

有一天，董事长突然灵光一现，他把安全工作的负责人叫到办公室，对他说："公司近来安全问题频繁，公司决定让你全权负责安全问题，为了让你全身心地把公司的安全制度落实到位，做好安全监督工作，公司给你在厂区提供了一套房子，你把家人全部接过来住吧，也省得你每天在路上奔波。"

自从安全工作负责人搬到厂里住之后，公司的安全事故减少了很多，到最后几乎没有安全事故。为什么会出现这么大的转变呢？原因只有董事长和安全工作的负责人心里清楚，因为负责人和家人都住进了厂区，厂里的安全事故直接影响家人的安全，因此，他会更加负责任地做好安全监督工作。

每一项制度的执行情况，都涉及到一个利益关系。董事长让安全工作负责人的家人都住进厂里，实际上是将他一家人的安危与公司的安全捆绑在一起。如果负责人继续不把安全监督工作当回事，不把安全制度落实到位，一旦出了安全事故，他们一家人的生命都会受到威胁。所以，这才给安全工作负责人带来制度落实上的动力。

由此可见，要想公司的制度和公司的战略计划得以贯彻实施，管理者就应该向下属明确责任与利益之间的关系，让员工清楚自己的责任，以及做好工作所获得的利益。同时为了让员工做好工作，管理者还需向员工说明期望和要求，达到了这些期望和要求会获得哪些奖励；如果员工没有达到这个期望和要求，将会受到哪些处罚。这些都应该让员工清楚明白，这样才能给员工压力和动力，使员工带着目标感、使命感去对待工作。

4 保证人人有事做，事事有人管

汉高祖刘邦晚年总结自己战胜项羽的原因时，说了这样一句话：论带兵打仗，我不如韩信；论管理钱粮，我不如萧何；论谋划决策，我不如张良。他们三个人都是杰出的人才，但是我会使用他们，这是我得天下的原因。从刘邦的话中，我们可以发现用人得当，把工作分配给正确的人是十分重要的。

然而，把工作分配给正确的人，并不是一件简单的事情。每一个管理者都希望公司里人人有事做、事事有人管，希望人人把事情做到位，可真正有几个管理者能够如愿呢？很多企业事情一大堆，没有交给具体的、正确的负责人，公司规模越大，这种现象越严重。而且有些员工忙得加班都干不完工作，而有的员工闲得上班没事做，这一方面与员工个人的能力有关，但更重要的是管理者没有科学地分配工作。

科学地分配工作，是保证人人有事做、事事有人管的关键。它并不单单指把工作交给正确的人，还包括让正确的人做好该做的事情。也就是说，科学地分配工作不仅仅体现在如何分配工作这件事上，还要求分配产生良好的执行效果。

李明是某公司的局域网管理员，副总对他寄予厚望，觉得他能把工作做得很出色。在管理方面，李明经验不足，但他技术实力雄厚，并且是个很好相处的人。

一天，副总见李明愁眉苦脸，就问他出了什么事。他说，最近他把局域网技术修正的工作交给手下的陈小北，但是陈小北完成得并不顺利，他已经准备自己接手这项工作。

副总听完李明的讲述，连续问了李明三个问题：“你在把工作交给陈小北的时候，有没有考虑陈小北是否具有胜任这项工作的能力和经验？你有没有说出你对陈小北的期望？有没有确定完成任务的期限？”

李明说：“我觉得陈小北有能力完成这项工作，但实际上他以前没有负责过这么大的项目，另外，我并没有告诉陈小北我对这项工作的期望，但我认为他明白我对他的工作期望。”

副总笑着说：“你认为的并不等于事实，我建议你同陈小北交流一下，了解工作的最新进展情况，并且在一些问题的处理上给陈小北提供指导和建议。”

后来，李明与陈小北进行了深入的交流，在他的帮助下，陈小北顺利地完成了局域网技术修正的工作。

通过这个案例，我们可以发现，分配工作并不是一件容易的事，管理者也不是天生就会分配工作的。要想做到有效地分配工作，保证人人有事做，而且把事做好，保证事事有人管，而且把事管好，管理者要牢记这样四点：确定什么工作要交给员工去做；选定能够胜任该项工作的人；确定工作完成的期限、条件和方法；检查下属的工作进展情况；检查和评价员工的完成效果。

最后，根据员工完成的效果，实行相应的奖惩措施。许多情况下，管理者“奖励”下属的往往是更多更重要的工作，因为事实证明他很能干，因此，把工作交给他管理者很放心。但这种做法对员工来说是不公平的，因为他在加重负担的同时，并没有获得相应的酬劳。因此，除非给员工相应的奖金激励，否则，“奖励”员工更多的工作这一情况应该尽可能避免。

5 监管结合，确保工作顺利持久开展

汽车上的表盘、仪表是给司机做监控用的。在汽车的表盘上，没有多余的仪器仪表。为什么呢？因为开汽车只需要控制速度和路线，至于其他没用的东西，不需要去控制它。管理企业也是一样，不用想着太多的东西，只需要做好两件事：一件事是制定企业发展的战略，这就如同控制企业这辆汽车的方向盘；第二件事是监督战略的执行情况，这就如同监控汽车上的表盘。在这方面，有一个典型的案例：

格里·富斯特是美国著名的演说家，他曾讲述两件发生在自己身上的事情：

富斯特前后有两名助手，一个叫琳达，一个叫艾米。八年前，富斯特前往多伦多参加一个会议。在芝加哥换机时，他给助手琳达打了一个电话，以确认琳达是否把工作安排妥当："琳达，我演讲的材料送到多伦多了吗？"

琳达说："六天前我就已经将材料寄出去了。"

富斯特问："他们收到了吗？"

琳达说："快递公司说他们保证两天后送到。"

尽管如此，富斯特还是有点不放心。虽然表面上看，琳达做了自己该做的工作，甚至提前把资料交给了快递公司，但是在多伦多会议主办者收到资料之前，意味着这项工作没有执行完毕，意味着还有不可预知性。

结果，当富斯特赶到多伦多的会场时，得知他的材料还没有送过来。为此，他只好将材料上的重要话题推后，直到材料送到。

八年后，富斯特再次前往多伦多参加会议，同样是在芝加哥转机，换机时，想到八年前的经历，于是他拨通了艾米的电话："我的材料到多伦多了吗?"

"那边的会议负责人说，你的材料三天前就到了。"接着，艾米又说："对方说，听众人数可能比原来多400人，为此，我多寄去600份材料，而且这些材料也已经寄到了。"

艾米还补充道："对方问我，您是否希望在演讲的时候，听众手中都拿着你的材料。我告诉他，你通常是这样做的，但是这是一个新的演讲，我不确定你会怎样做。如果你不同意听众拿着你的材料听你演讲，你可以给对方打电话，我这里有他的电话，你可以记下来，随时跟他联系……"

听了艾米的一番话，富斯特彻底放心了。

富斯特故事充分说明，一流的执行必须有一流的监管。要想员工执行到位，管理者就要做好管理和监督两项工作，管理表现为向员工布置合适的任务，监督表现为及时了解员工的工作进度，帮员工查缺补漏，避免遗忘重要事件，造成不必要的麻烦。

上面案例中，富斯特在琳达身上监督不够，导致执行出现了问题。但是在艾米身上，由于艾米本人是一个做事细心的员工，因此，福斯特监管工作轻松许多。但这并不意味着福斯特的监督是多余的，因为并不是每个员工都像艾米那样考虑周全。通过有效的监督，可以及时发现下属执行的情况，及时发现问题，避免出现重大差错，这是确保工作顺利持久开展的重要保证。

6 莫让问责走过场，落到实处是关键

问责是一种监督机制，它的意义在于及时了解员工的工作进展，尤其是在员工的工作出了问题之后，问责可以了解问题出在哪里，是什么原因导致的，以便及时制定解决问题的策略。因此，问责应该讲究实效，千万不能做做样子、走走过场，害怕得罪人。否则，问责就失去了意义，还不如不问。这一点在美国甲骨文公司就有很好的表现。

美国甲骨文股份有限公司是世界上最大的软件公司，也是一家进入中国的软件巨头。公司的创始人 Larry Ellison 谈到公司的内部管理时，频频提到授权机制与问责机制。他表示，通过授权可以有效地调动员工的自主性，使员工承担自己的岗位责任。通过问责制可以约束员工，对员工做好监督工作，使公司能够掌握员工工作的进展情况。

如果员工在执行任务、落实制度方面出了问题，甲骨文公司的管理者会对当事人进行问责。这种问责绝对不是走过场，而是动真格的。一旦发现问题出在员工自己身上，公司将会对员工进行处罚，绝不纵容。

问责的核心内容是“问”，这种问本质上是一种监督和了解。问责时，管理者要有打破砂锅问到底的决心，要把责任弄明白。问责时，管理者要考虑到权责对等，员工有多大的权力，就要承担多大的责任。问责对应的是责罚，而且责罚要落到实处，不能光打雷不下雨。

在问责的时候，管理者首先要问执行者，即工作的负责人。遵守公司制度、服从命令，在规定的时间内完成任务，这是每一名员工都应该做到的。如果员工没有做到这些，导致工作出了问题，那么管理者就应该追究其责任。

问完员工，管理者还应问自己。员工的工作出了问题，其直接上司有不可推卸的责任，是不是用人不当，或分配任务不当导致员工无法胜任？还是上司疏于管理，监管不力导致问题超出了可控的范围？对此，管理者应该问责员工的上司，如果你自己就是员工的上司，那么你要进行自我反省，并针对自己存在的问题与不足，承担相应的责任。做到这点，管理者的问责才能让员工心服口服。

7 监督是执行的保障

在企业管理中，很多老板把任务交代给员工之后，就认为万事大吉，他们不去过问，不去监督，等到后来发现员工执行不到位时，又来责怪员工："我当初是怎么跟你说的？你怎么把事情办得这么糟糕？你不懂不会来问我吗？"就这样，员工不得不返工，耗时耗力，关键是受打击。

一天，张老板对市场部的小胡说："我这里有一个市场推广任务交给你，一个星期之后将计划书交给我……"然后，张老板和小胡针对这个市场推广计划谈了一个多小时，向小胡交代了诸多背景资料、推广的目标群体，权限范围等等，讲完之后，张老板习惯性地问了一句："清楚了吗？"

小胡拍着胸脯说："清楚了，你放心吧，我马上去做。"

小胡回到办公室，就按照自己理解的那样做，他一边做一边感受着老板对自己的器重，他很认真地做了一个星期，期间不断地修改，做完之后还非常得意，以为做得很不错。

在这一个星期之内，张老板从未过问小胡的计划书，更没有与小胡针对他所做的计划书展开进一步的讨论。一个星期后，小胡自信满满地将自己的计划书交给张老板，满心欢喜地以为会得到表扬，却不料张老板看了他的计划书后，生气地嚷嚷道：“你怎么做成这样子呢？完全和我想的不一样，如果你有不懂的地方，可以向我汇报啊！”

不少管理者把任务布置下去之后，就等着员工汇报工作进展。殊不知，真正有效的执行离不开双向沟通和反馈，既要求下属向上司汇报，也要求上司主动走下去，去了解员工的执行情况，及时发现员工执行中存在的问题，给予指点和帮助，这样才能保证下属不偏不倚地按照目标去执行。

IBM 前总裁郭士纳曾说过：“员工不会做你希望的，只会做你监督和检查的。”这句话道出了管理的精髓：管理者主动去检查和监督，是促进员工把工作落实到位的关键一环。因为员工的自觉性再好，能力再强，也需要管理者的监督。没有监督，工作没有执行到位，出了大问题，到时候就悔之晚矣。

为什么很多企业存在“半截子”工程？因为管理者把任务布置下去之后，就认为已经把工作分解了，但是执行的效果怎么样呢？由谁负责检查和监督呢？工作进展情况如何呢？这些问题都不得而知。这就致使企业的战略目标沦为口号，对企业的发展毫无益处。与之不同，有些管理者懂得定期或不定期地检查和监督，使员工的头脑中时刻有一种制度的约束感，从而促使他们严格地执行任务。

8 用事实堵住发牢骚人的嘴

任何企业都会存在这样一些员工，他们似乎特别喜欢抱怨，一点小事就能让他们喋喋不休。他们把大量的精力都放在一些鸡毛蒜皮的小事上，自己的本职工作却往往不能很好地完成。对于这样的员工，管理者需要拿出一些魄力来，用强有力的事实让他们哑口无言。

浙江华立集团董事长汪立成说：“做生意，我们只信奉一点，只做不讲，或者多做少讲。我们只用业绩说话。”同样，对于管理工作，管理者也应该用事实说话。如果员工素来有爱抱怨、爱发小脾气的性格，管理者则不要与其浪费唇舌。事实具有超越一切的说服力，说得越多，越肤浅；埋头做事，问题就能迎刃而解。

当一个员工抱怨薪水过低时，管理者可以把他调到薪水高的职位，用实际工作说服他，薪水的高低与能力的大小成正比；当员工抱怨得不到升迁时，管理者可以让他和办事能力强的人从事同一项工作，用工作业绩来告诉他，升迁并不是靠运气获得。总之，企业中出现抱怨在所难免，管理者一条条反驳，只要把事实摆出，道理就显而易见。

全球最大的集研发、生产、销售、服务于一体的国有控股专业化空调企业——珠海格力电器股份有限公司，就是靠着“少说空话、多干实事”的核心价值观一步步壮大的。1993 年，刚刚成立的格力电器只是一家默默无闻的小厂，只有一条简陋的、年产量不过两万台窗式空调的生产线。但是，格力人有一个大梦想，那就是缔造全球领先的空调企业。二十年来，格力电器的这个梦想一直受到社会各界的质疑，部分公司员工也对领导层的好高骛远心生不满。但是，格力人从来没有放弃追求，他们坚持用事实说话，一步一个脚印地埋头耕耘。一个个“世界第一”、“全球首例”的赞誉，有力地回击了来自四面八方的质疑，也化解了员工心头的不满情绪。今天，格力空调已经实现了梦想，影响力和营业额都稳居世界空调企业排行榜首位。

联想总裁柳传志说：“我不会用言语去回应质疑，我只用具体的业绩赢取信任。”的确，口水战没有任何意义，事实才最具有说服力。当牢骚和不满向管理者袭来时，明智的管理者都能够摆出事实，让抱怨者心服口服，且自觉地消除牢骚；失败的管理者则试图用道理说服，结果自己口干舌燥，抱怨者反倒更不耐烦。所以，当员工乱发牢骚时，管理者就应该用事实去堵上他们的嘴。

9 时常做一下员工满意度调查

员工满意度调查，听起来并不陌生，但是真正肯去做的人，凤毛麟角。《财富》杂志曾经对世界范围内不同规模的公司进行了一番调查，结论是只有16%的公司会认真贯彻这一行动并使之制度化，而且公司规模越大，这项工作做得越是到位。

这个结果其实并不难以理解。小型公司一般人员流动性较高，对员工的保留度相对较差，而大公司的人员组成相对于小公司来说更加稳定。在这样的背景下，大公司更加乐意做员工满意度调查就不难理解了。

但是这种看法同时也是一种误区。管理学上有一种“马太效应”，意思是你已经得到的，会得到更多，而你失去的将会失去得更多。员工满意会降低企业人员流动率，增强企业凝聚力。满意的员工对企业产生归属感，形成对企业的心理依赖，不会轻易离开，因而员工满意度高的企业人员流动率是比较低的，凝聚力很强，每个人都有强烈的归属感。

孙总一直以来都对自己的企业文化非常满意，他觉得自己的管理还是相当人性化的，各种制度制定得也非常有弹性，从各个部门经理那里反馈来的信息，也让孙总越来越坚定自己的观点。

但是每次他去办公室的时候，总是觉得员工士气不是很高，大部分都是一脸疲惫。孙总很疑惑，但是当他把员工叫出来询问时，每次得到的回答却是：各方面都很满意。孙总知道一定是发生了什么。

于是孙总私下去了一家咨询公司，试图找到解决的办法。结果得到的答案却异常简单：做个调查问卷。孙总觉得这根本就是敷衍，自己亲自问过的，难道还不如一纸问卷有效？但是这毕竟也算一个方法。

于是，孙总委托咨询公司制作了一份简单的调查问卷，给员工们发了下去，结果出人意料，员工对公司现行的政策满意度极低。孙总觉得很诧异，赶紧去咨询公司制定了一份详细的问卷，这次结果更令孙总吃惊：有的员工觉得某主管太死板，有的觉得弹性工作时间看似很不错，但是实施起来效果很差，有的抱怨该有的福利没发下来。

孙总立即下令召集中层领导开会，在会上布置了调整，改革措施，任免干部，并迅速将会议结果执行并且公布。接下来的几个月，孙总一直亲自监督，并且经常做调查，公司士气渐渐有了好转。

从中我们可以看到，作为一个领导，不可能逐一接触到每一个员工，更不可能清楚地知道每一个员工的状况。但是员工是企业的最基础的组成部分，没有好的员工，不可能有好的企业。而领导不可能时时刻刻和员工在生产一线，所以将员工满意度调查制度化，对企业来说有很重要的意义。

归根结底，大部分的企业都处在一个较低的生态圈里，所以时常做一下员工满意度调查，并将之规范化、制度化，是非常有必要的。这是一种价格低廉而且有直接效果的行为方式，掌握好这一利器，能让工作事半功倍。

10 谨防员工报喜不报忧

很多人在向领导汇报情况时，喜欢浓墨重彩地讲成绩、讲好事，对于问题与错误，往往轻描淡写，甚至干脆不提。这种做法不仅会妨碍领导者了解真实情况，影响领导者做出正确的决策，还会错失解决问题、化解危机的良机，使小问题变成大危机、大灾难，给公司造成严重的损失。在这方面，有一个典型的案例。

在德国摩登公司的发展史上，曾出现过这样一件事：

一线员工发现公司的大客户跳出了合同，马上给主管打电话汇报："主管，不好了，公司的大客户丢掉了，这直接影响我们的效益啊！"

主管淡定地说："慌什么啊？镇定一点！"说完他马上给自己的上司打电话："经理，市场部出了点问题，一个客户流失了。"

经理说："流失一个客户怕什么，我们公司的客户还有很多，继续开拓市场，争取获得更多的合作。"

正在这时，总裁给这位经理打电话，询问市场开拓情况，经理笑着说："总裁，你放心，市场开拓得很好，一切尽在掌控之中，很多客户都与我们有合作的意向，很快我们就会拿下他们。"

总裁放下电话，非常开心地坐在老板椅上，手里端着一杯咖啡。然而，一个月后，公司召开月销售会议，总裁才得知市场开拓工作一败涂地……

这就是典型的报喜不报忧的现象。英特尔公司的总裁安德鲁·格鲁夫对企业内部报喜不报忧的现象颇有感慨，他说："高层领导有时候直到很晚才明白周围的世界已经发生了变化，老板则是最后一个知道真相的人。"中国管理培训专家余世维更是打趣地说："一天，老板发现门外有人搬东西，出去一看，才知道原来公司倒闭了。"当然，这肯定是夸张的说法，但它由此也说明了下属报喜不报忧的危害。

那么，怎样才能避免员工报喜不报忧呢？除了管理者要乐意听坏消息，鼓励员工报忧之外，管理者还应该积极走出办公室，走到员工中间与员工沟通，走到生产一线去了解实际情况。格鲁夫的做法就是，每天不管有多忙，都会打开电子邮箱，查收来自世界各地的一线员工的汇报。

这种汇报是越级的，其真实性更加可信，因此格鲁夫十分重视。

11 不淘汰平庸的员工，是对奋斗者的不负责任

不想当将军的士兵不是好士兵，同理，不想当领导的员工也注定永远平庸。好的下属是具有可塑性的，但要想将这些员工培养成卓越人才却并不容易。企业要想做大做强，必须培养一批精兵强将，因此，管理者在培养员工的过程中，必须毫不留情地淘汰平庸者，这既是对企业的未来负责，更是对奋斗者的肯定。

不少管理者经常面临这样一个问题：如何解雇那些“鸡肋人物”？一般来说，这些人工作还算努力，懂礼貌，善解人意，甚至在公司里面还有着不错的口碑，然而他们在工作中却经常犯错，哪怕是多次提醒依然不见什么起色。对于这样的人，解雇起来需要很大的勇气，但为了企业的发展，却不得不淘汰。

阿丽是某科贸公司的经理，最近公司新来了一位女员工，人长得漂亮，性格活泼，但却令她头疼不已。

该员工工作十分努力，但业绩却十分平庸，每次都是打着最低考核标准的擦边球。起初，阿丽认为该员工可能是由于还未融入企业的环境，所以才会业绩平平，毫无起色。

为了帮助她提高业绩水平，作为经理的阿丽专门给她安排了一位经验丰富的老员工，但转眼 3 个月过去了，该员工的工作状态丝毫没有改变，更令阿丽头疼的是，她毫无工作积极性，又怎能把工作做好呢？为了帮助这位员工提升业绩，阿丽专门找她谈话，并给予其精神上的支持与鼓励，并许诺，只要她能够超额完成工作任务，一定会给予其丰厚的

物质的奖励。

然而，阿丽的办法似乎没起一点作用，该员工还是老样子，甚至工作业绩还有下滑的趋势。这样通融一个平庸者，难免会让那些业绩优秀的员工感到不公，出于这样的考虑，阿丽毫不留情地开除了这名能力平庸的员工。

实际上，每个企业都有工作能力平庸者，他们整天不思进取，上班就是“磨洋工”，拿工资混日子，如果不淘汰这类员工，那些优秀员工就会觉得：不干活也这样，干这么多活也这样，那我为什么非要这样拼命努力呢？一旦员工们有了这种想法，那么企业的整体工作效率必然会降低。

通常来说，企业都会有一套完整的人事体系，对于什么情形下可以与员工解除雇佣合同都有着比较明确的要求，作为公司的管理者，要善于借助这些制度来清除那些平庸的员工。此外，在人员招聘时，要尽量避开那些没有培养价值的人，只有这样才能从根源上减少平庸者的数量。

12 监督不是个案，要常态化

监督制度是一项必须长期执行、常抓不懈的工作，若是等出了问题再去补救，势必迟了。明智的做法是将监督制度落实到日常工作当中来，当成一种习惯坚持下来，做到发现问题、及时问责、解决问题，不断提升团队的执行力。这样才能保证企业健康持续地发展。

美国旅店大王希尔顿在制度监督方面做得非常到位。众所周知，希尔顿酒店的服务理念是对客户保持微笑，老板希尔顿要求员工不论多么辛苦，都要坚持落实这一服务理念。他本人的座右铭就是："今天你对顾客微笑了吗?"为了保证微笑制度落实到位，他不但从自己做起，给员工树立榜样，而且在多年的管理中，他积极地走向各个分店，监督微笑制度的落实情况。希尔顿的做法不仅拉近了与员工之间的距离，而且还能倾听员工的意见和建议，更可以带给员工监督与激励。

希尔顿每次巡视分店时，提到最多的一句话就是："今天你对顾客微笑了吗?"他用这句话来提醒员工牢记公司的服务理念。1930 年，美国经济陷入了大萧条，希尔顿依然要求员工落实微笑制度。当时美国 80% 的饭店都经营不下去了，希尔顿饭店也遭受重创，但希尔顿坚定信念，鼓励员工微笑面对，他呼吁全体员工不要把愁云挂在脸上，无论遇到何种困难，都要保持微笑。

在希尔顿的严抓与监督下，公司的微笑制度得到了很好的贯彻，员工的真诚微笑成了美国经济萧条时期一道亮丽的风景线，感动了无数的顾客，给希尔顿饭店树立了良好的形象，也帮助希尔顿饭店走出了低谷。

当企业进入黄金时期时，有一次，希尔顿酒店添加了一流的硬件设备，希尔顿问员工："我们还需要添加什么?"员工想了很久也回答不出来，希尔顿说："如果我是一位顾客，我重视的不仅是一流的设备，我更重视一流的服务，我宁愿去一家设备差点，但是能见到微笑的旅馆。"靠着真诚的微笑，希尔顿酒店不断发展壮大，在全球五大洲有 500 多家分店，成为当今世界最具规模的酒店之一。

希尔顿酒店的成功告诉我们，作为企业管理者，应该把制度监督作为一项长期的工作坚持下去，绝对不允许虎头蛇尾，也不允许把监督工作当成一时的发展需要。在旅行监督制度的同时，管理者还应向希尔顿一样率先落实制度，为员工做榜样。

很多公司也重视制度监督，然而，真正能够坚持几十年如一日的企业，还真是少之又少。在监督过程中，企业的最高管理者能否带头做好监督工作，关系到监督工作能否得到长期落实。如果每一位管理者都像希尔顿那样，那么企业的制度监督就会成为一种习惯，成为公司的一种文化，融入到每一位员工的骨子里，每一位员工都会严格地要求自己，自觉地去监督制度的落实。

第五章

公事不公办，制度就会成为花瓶

BIERANG
ZHIDU HUILE
NIDE TUANDUI

1 制度是用来实施的，而不是吓唬人的摆设

如今，绝大多数企业都认识到了制度的重要性，并制定了相对详细完善的管理制度。大到关系公司生死存亡的重要决策，小到员工们的作息时间以及领取办公用品的规定，可谓十分齐全。然而不少企业的制度没能很好地贯彻下去，不幸沦为吓唬人的摆设。

作为管理者，我们不能把制度当花瓶，制度制定出来就是为了实施，如果摆在高高的神龛上，那么对企业的发展是没有任何好处的。在制度的制定和实行上，不能过多地讲求形式，更不能把它当做“面子工程”。只有一板一眼地贯彻实施下去，才能真正实现其价值，从而给企业带来货真价实的实惠。

老张是一家公司的财务总监，手下管理着七八名财务人员。公司关于现金的保管、支取以及转账等问题，本有着十分详细的规章制度，但老张觉得按制度办事实在太麻烦，长久以来都按照经验进行粗放式管理。估计也没出过什么大问题，上司也没有详细过问，整个财务部便养成了“无制度”的工作习惯。

然而突如其来的变故，却让老张一下子慌了手脚。原来一名下属保管现金的保险柜被撬，公司第二天要用的20万现金不翼而飞。要知道，公司的防盗措施一直做得很到位，为了防范入室盗窃，还专门购置了国内最先进的保险柜，柜子上不仅配有报警、密码等装置，一旦密码输入错误，还能对操作者进行电击，如此可靠的保险柜，又为什么会失窃呢？

原来整个财务部都视公司的财务制度为摆设，根本不按照制度办事。这位使用保险柜的出纳，平时并没使用这个先进的保险柜，由于他不小心把常用保险柜的钥匙丢了，所以才不得不动用该保险柜。由于担忧不小心输错密码遭电击，所以便不接电源；又怕忘记密码，所以就按数字大小顺序编了1～6的号码；再怕丢了钥匙，最后索性把钥匙扔在了办公室的抽屉里，结果反倒给窃贼提供了作案便利。

制度是用来实施的，企业管理者千万不能过分相信经验，更不能因害怕麻烦就放任下属把“制度”当成摆设。试想，如果老张从始至终都能严格要求员工按照制度办事，那么公司财产失窃的事根本就不会发生，而他本人也不会因此而停薪留职。

规章制度形同虚设，往往是造成企业经营管理失误的重要原因之一，所以广大管理者一定要谨记：制度是用来实施的，只有贯彻下去才有意义。

2 规则是防止人犯错误，制度是惩罚犯了错误的人

企业制度是一系列成文或不成文的规则，它不仅规范企业中人的行为，给大家的行为划一个合理的受约束的圈，还保护和鼓励大家在这个圈里自由地活动。如果有人跨出了这个圈，就要依据制度加以惩罚，从而有效地刺激大家约束自己，提高组织管理的效率。

俗话说：“人非圣贤，孰能无过。”难道不论什么错误，只要员工犯了，就要受到惩罚吗？当然不是。在日常工作中，员工难免会犯这样那样的错误，对于一般的错误，管理者可以按照制度规定给予提醒、警告、指导和帮助，保证员工在错误中成长。但是有三种错误，是不应该被允

许的：

第一，经济上不干净，利用职务之便，贪污、吃回扣等；第二，把公司的商业机密泄露出去，获得个人私利；同样的错误，反复犯了很多次，缺乏职业道德，不敬业，不严谨。对于这三种错误，老板一定要严惩不贷，该狠心时绝不心软。

有些错可以原谅，有些错要坚决严惩。因此，对员工所犯的不同错误，老板一定要区别对待。因为工作上的疏忽、操作不慎等导致的错误，可以通过培训和辅导加以弥补。但是人品不端正，行事不正派，则要按照制度规定，严惩不贷。

哈佛商学院教授埃米·埃德蒙森认为，导致公司经营失败的情况数不胜数，但大致可以分为三大类：一种是可预防性失败，一种是复杂性导致的失败，还有一种是“智慧型”的失败。第一种失败是不能允许的，它表现为故意违反公司的流程或制度，比如，某公司规定了不能贪污，不能吃回扣，但员工依然贪污、吃回扣，这就是主观上的故意犯错，是不应该被原谅的。

企业制定规则是为了防止大家犯错的，企业的制度是惩罚犯了错的人的。如果下属自视甚高，不把上司放在眼里，不把老板当回事，凡事自作主张，纵然他有真本事，也难以给公司的发展带来正能量。对老板而言，如果下属不听指挥，不服从命令，不把公司最起码的制度规定放在眼里，留着这样的员工又有何意义？难道要等到他把公司掀个底朝天，闹得大家离心离德才罢休吗？

企业的制度不是花瓶，不能摆在那儿作为欣赏的物品，而要切实地运用到企业经营管理中去。对于员工所犯的错误，要坚决予以处罚。当然，平时企业要加强宣传，让员工明白什么行为是违背公司规则的，什么行为是公司制度所不允许的。这样可以减少员工犯错，也可以减少老板管理企业的难度。

3 要明确告诉员工：什么是该做的，什么是不该做的

老板是团队的“头儿”，要为员工指明方向、明确目标，要明确地告诉员工：“什么是应该做的，什么是不应该做的；应该怎么做，不应该怎么做。”就像岗位说明书中的清晰描述那样，这样员工才会清楚自己的职责。

或许有人觉得老板这样做会很累，其实不然，老板只需出台一个制度。在制度里，明确地告知员工老板对他们的期望，把企业允许和禁止的行为一条条地罗列出来，并制定具体的惩罚措施。

有个法国人在北京开了一家餐厅，该餐厅从卫生到服务，甚至对客人的各种问题该怎样回答，都有严格的制度。制度的内容非常细致具体，任何人都必须严格执行，不得违反。比如，在制度中，有一条醒目规定：无论顾客提出什么问题，你永远都不能回答“不知道”。如果你自己不清楚，应向客人说明情况，然后马上想办法找到问题的答案，再给顾客一个满意的回答。

其实，这种规定并不只是这家餐厅的“发明”，在国外很多高级饭店、餐厅，早有这样的先例。通过这些规定，企业向员工传达了这样一种信息：制度里规定的，就是你应该做的；制度里不允许的，就是你不应该做的，如果你做了，就犯错了。这是企业对员工的一种期望，员工按照制度去做，坚持下去，就会养成一种习惯。

日本索尼公司的创始人盛田昭夫曾对下属说：“放手去做好你认为对的事，即使你犯了错误，也可以从中得到经验教训，不再犯同样的错误。”这体现了索尼公司对员工的宽容，在这种宽容之下，员工才敢大

胆地探索、发挥创意，从而充分调动每个员工的聪明才智。

盛田昭夫认为，如果所有的思考工作都由公司的管理层来做，那这家公司是很危险的，正确的做法是，让每个员工都贡献自己的聪明才智。这就是盛田昭夫鼓励员工做的事情，这就是索尼公司规定的员工应该做的事，也是索尼公司对员工的期望。

作为公司的老板，如果你没有明确告知员工什么是应该做的，什么是不应该做的，就可能产生不好的后果。员工不知道怎样做是被认可的，做到什么样的程度才会让你满意。相反，如果你明确要求员工，员工就有了努力的方向，他会因此更加敬畏、服从你。

4 原则的“高墙”绝对不可以逾越

作为管理者，最基本的做事原则就是一切为了企业的发展，这道“高墙”是绝对不可以逾越的。但现实生活中，却有不少家族企业的管理者，出于私心，不愿意把关键职位交给外人。明明知道自己的子女根本不能带领企业前进，更不能创造一个美好的未来，但却固执地坚持。事实上，这种越过原则的行为，只会给企业带来人为的灾难。

不管是管人还是管事，都要冷静无私。从企业利益出发来做抉择，这既是管理者的使命，也是最基本的管理原则。一个违背万事“以企业为先”原则的领导，必定是受员工们唾弃的，最终也会被企业所遗弃。只有在原则划定的范围内活动，才能带领员工按照既定的道路向前走。

IBM 是闻名全球的国际商用机器公司，作为该公司的总裁，小托马斯在选择接班人的时候面临着艰难的选择：是违背“以企业发展为先”的管理原则，将领导大权交给外人；还是逾越这道原则的高墙，将公司交给并不被众人看好的弟弟迪克?

为了完成父亲的遗愿，小托马斯决定翻过“原则”的高墙，于是他征得弟弟的同意后，将其调回公司总部，并希望迪克能在员工中树立威信，为接替更高的管理职位做准备。小托马斯将当时IBM正在开发的IBM360型电脑系统交给弟弟，并促使其与一直主管开发这一新产品的副总裁利尔森合作。

新电脑系统的开发意味着IBM公司将进入巅峰时期，但迪克却由于自身问题在激烈的市场竞争中败下阵来。此时，作为最高管理者的小托马斯开始意识到：如果让弟弟接班很可能会影响IBM的发展，经过反复的思考，他最终决定以公司利益为重，并顶住来自亲友方面的压力，坚持最基本的原则底线。最终为了IBM的发展前途，他舍弃了让弟弟接班的决定，并让利尔森担任总裁，接替自己董事长的职位。

事实证明，违背“处处为企业着想”的原则，只会给企业带来损失，只有严格按照原则决策的做法才是对的。利尔森没有令人失望，在他的带领下，IBM公司获得了更为广阔的发展空间，并在强手如林的电脑制造业中始终名列前茅，以惊人的速度实现了扩张。

始终把企业利益放在第一位，这是所有成功管理者的做事原则。违背了这条原则，即便管理才能出众，企业也必然会陷入万劫不复的深渊。因此，管理者们一定要谨记：原则的“高墙”绝对不可以逾越。

5 要给制度佩一把“尚方宝剑”

治理国家需要严明的法令，颁布详细具体的法例，公民才能知道什么可为，什么不可为。管理企业也需要明确的制度，科学合理的公司制度是权责明确的保证、提升效率的关键，对于任何组织的有序运转，大到国家，小到家庭，都是至关重要的。

制度是由人制定的，也需要人来执行，因此常常受到主观能动性的影响。当人的意志在制度的制定和执行中占据主要地位时，制度原有的作用就不复存在了。因此，公司管理者要赋予制度以绝对的权威，用制度来约束员工的一切行为。

战国时期，法家的集大成者韩非子在论述国家刑罚时指出：用严酷的法令治理国家，大家就不敢轻举妄动；如果采取宽仁的策略，则不能达到有效治理的目的。现代企业也一样，管理者必须为公司制定严格的制度，在执行制度时公正严明，绝不能有所妥协。

在公司制度面前，高层领导、公司元勋和普通员工的地位是平等的。良好的公司制度应该对任何人都有赏罚大权，不会因为权利高低、职位大小而有所偏颇。公司制度的最高权威得不到维护，就会造成工作流程不顺畅、内部考核不到位、员工价值观不统一的严重危害。

以肯德基为例，这家世界闻名的快餐业巨子创立半个世纪以来，赢得了全世界的好评，这主要得益于企业上上下下对制度的绝对贯彻。肯德基进入中国市场已经三十余年，营业额一直非常可观。进入中国市场后，肯德基不仅坚持着本土化策略，也开始与当地供应商合作。它从按照公司规定质量、技术、财务、可靠性、沟通等五个方面对当地供应商进行严格的考核。在复杂周密的考核下，肯德基的快餐供应链条得到了充分保障，创造了出色的经营业绩。相反，曾经是中国最大奶制品企业的三鹿集团，却在不断地挑战着制度的权威。三鹿集团在奶源采购上也有一套完整的制度。但是，负责奶源收购的工作人员并没有严格执行，轻易就被自己的私欲打败，致使企业对奶源质检不利，不合格的奶制品流向市场，最终酿成企业破产的悲惨结局。

企业想要有序发展，也必须建立相应的管理制度；要想取得巨大的成功，就必须使生产经营的每个环节在制度的规定下严格进行。企业制度必须高于一切，必须管控公司的方方面面。管理者也必须公正严明地执行企业的各项制度，让每个人在关键领域不敢越雷池一步。唯有如此，企业的利益才能得到保证。

6 疏而不漏，危急关头决不手软

身为企业管理者，由于平时的日常管理工作纷繁复杂，所以即便是有三头六臂也很难做到面面俱到，产生或多或少的遗憾也是在所难免。一个明智的领导者不会对无关紧要的小遗憾而患得患失、耿耿于怀，只要所做之事对企业来说利大于弊，那么他们便会坚决执行，绝不会因为小小的损失而忧虑。

疏而不漏，危急关头决不手软，这是很多成功管理人的共同之处。人的精力是有限的，要想管好一个偌大的企业，就必须要抓住重点，抓住关键点。俗话说："做大事者不拘小节"，如果凡事斤斤计较，过于在乎那些细枝末节，那么，势必会丢掉大局，从而给企业造成更大的损失。

人们常说"铁打的营盘，流水的兵"，一个企业从小到大，既有人不断加盟，也有人陆续离开，这是十分正常的事情。号称"中国企业教父"的柳传志，在用人上就看得很开，对于那些不正常的现象，他从来不会过分忧虑，这也是他获得成功的一个重要原因。

在联想有不少元老级别的员工，当初跟随柳传志一起创业，在众人的共同努力下，联想从一个几百万年销售收入的普通企业，迅速成长为年销售额超过百亿的知名品牌。然而，天下没有不散的宴席，从倪光南、吕谭平、孙宏斌到杨元庆、郭为，一个个重量级人物的离开，并没有让柳传志感到不适。

在他看来，企业发展需要新陈代谢，这种新陈代谢的规律注定会有元老人物退出，只要把握住这一大局，便不会因为新老员工的交替而忧虑，尽管陆陆续续有人离开，但柳传志始终都是气定神闲，一步步筹划着企业的发展，一步步把联想发展壮大。

在现实生活中，绝大部分管理者在骨干员工离开公司后都会陷入患得患失的情绪之中。实际上，人才掉队并不是什么遗憾事，而是一种常态，因为企业对人才的需求本身就是“喜新厌旧”的，所以有人离开很正常。管理者不必为此而担忧，越是这种危急关头越是不能手软，学会处理“掉队者”才是正确的应对之策。

7 制度执行也必须公事公办

有了刚性的企业制度，还需要刚性的执行力。有些管理者在员工违反制度之后，没有做到公事公办地按制度处理，而是睁一只眼、闭一只眼，客观上迁就和纵容员工违反制度的行为。为什么管理者不公事公办地处理呢？也许他们对员工比较宽容，不想一见员工违反制度，就严格地处理；也许他们与员工私人关系不错，想“照顾照顾”员工，放员工一马。

三国时期，关羽在诸葛亮的安排下，镇守华容道。由于曹操对关羽有很大的恩情，为了避免旁人心生猜忌，关羽特意立下军令状。然而，关羽还是在华容道放走了曹操。回来之后，面对其违反军法的行为，刘备站出来为关羽求情，最后这件事不了了之。

在这个案例中，刘备作为管理者，犯了现在很多管理者犯的错误——面对员工违反制度的行为，他们没有做到公事公办地处理。与刘备的做法截然不同，诸葛亮在马谡失街亭之后，按照军法对马谡处以斩首之刑。

我们知道，马谡是蜀国一位干将，非常聪明有智慧，而且诸葛亮对他非常赏识。诸葛亮斩首马谡时，曾忍不住伤心落泪，但依然将马谡处以死刑，为什么？如果他不这么做，就会使军法失去威信，以后谁还把军法放在眼里？

其实，一个企业的制度，就如同诸葛亮的军法，必须不折不扣的执行。怎样才能保证公司的制度不折不扣的执行呢？管理者首先必须做好表率，这一方面表现为管理者自己要遵守公司的规章制度，另一方面表现为当员工违反制度的规定时，管理者必须公事公办地处理，绝不能徇私枉法，私自包庇。

当发现员工违反公司的制度时，管理者该指正员工的要指正，该处罚员工的要处罚，绝不能做老好人而亵渎制度，这需要管理者有一颗正直之心。著名管理大师德鲁克曾经说过："如果管理者缺乏正直的品格，那么，无论他是多么有知识、有才华、有成就，也会造成重大损失。他破坏企业中最宝贵的资源——人，破坏组织的精神，破坏工作成就。"

管理者可以找违反制度的员工谈话，开宗明义地指出："你的表现有问题，你违反了公司的制度规定。"然后，按照公司的规章制度，逐条指出员工表现不佳的地方，比如，"公司规定，每周一早上要准时上交生产报告，但今天已经是周三了，你还没有上交生产报告，这是为什么？"

在听完员工的解释之后，如果员工的解释有道理，可以对他提出口头警告，并让他赶快上交报告；如果员工说不出合理的原因，那么该批评的一定要批评，该处罚的一定要处罚，一切都按制度的规定来办。只有这样，才能及时纠正员工的不良行为，杜绝违反公司制度的行为。同时，也有利于员工把工作做得更好。

8 破坏制度一定要受到惩罚

相信很多管理者都听说过“热炉效应”，它指的是组织中任何人触犯了规章制度都要受到处罚。热炉既能给人取暖，又会给人约束。如果谁去触碰热炉，结果只有一个，那就是被烫伤。其实，制度的本质就应该是热炉，既维护企业的公平公正，又约束人性的不良行为。因此，当员工违反制度，做出对公司不利的事情时，也应该受到惩罚。关于这一点，两千多年前的军事家孙子就已经给我们做出了精彩的示范。

一天，孙子来到吴国，见到阖闾之后，他把自己所著的兵法呈给阖闾。阖闾想检验孙子的兵法，就选出宫中180位宫女，其中包括阖闾的两个爱妃。孙子把大家分成两队，并让阖闾的两位爱妃当队长，命令大家拿着戟。然后，孙子将训练的动作要领告诉大家，三番五次地宣布纪律，并把用来行刑的斧钺摆在一旁。

然而，训练开始之后，宫女们随便舞弄手中的戟，像是做游戏一样，一个个玩得哈哈大笑。孙子见状，便说：“纪律不明，这是将帅的罪过。”于是，他又重申了纪律，然后命令继续击鼓训练，可是宫女们还是不当回事。

孙子严肃地说：“纪律不明确，交代不清楚，这是将帅的罪过；既然已经再三说明了而不执行命令，那就是下级士官的罪过了。”于是，他不顾吴王的反对，毅然斩杀了两位妃子。在接下来的训练中，再也没有人敢违抗训练口令，队伍训练地整整齐齐。

阖闾知道孙子善于用兵，于是让他做吴国的将军，负责训练军队。由此，孙子的威信也很好地建立起来了。

有了规章制度，意味着做事有了依据。当员工视规章制度为儿戏，有意无意地违反时，他一定要受到惩罚。企业有了制度之后，也应该按照制度的规定来办事。如果员工违反了制度，管理者就应该站在公司的立场，公正地对员工严惩不贷。

例如，公司规定业务员在收到客户的货款后的24小时内将货款交给公司，晚一天就要受到相应的处罚。某员工收到货款后，没有及时上交给公司，那么管理者应该按照制度规定，对该员工进行处罚。为什么一定要处罚呢？因为公司在制定这项制度时，肯定是为了保障公司的利益。否则，员工将公司的货款私自挪用了，势必会影响公司的财务周转。如果公司不处理这种行为，那么公司日后的财务运营很可能会出现漏洞。

而且，惩罚违反制度的员工，对于那些认真遵守公司制度的员工来说，也是一种积极性上的保障。因为“惩恶”才能“扬善”，“惩前”才能“毖后”，才能维护制度的威严，才能树立制度的威信，才能使大家把制度当回事。否则，今天你违反制度不受罚，明天他违反制度不受罚，久而久之，制度就有名无实了，制度就失去意义了。所以说，破坏制度的人一定要受到惩罚。

9 不要让制度隔靴搔痒

公司出现某些问题，就要针对这些问题，制定相应的制度，以便解决问题。可是，有些管理者制定的制度针对性不强，或制度规定不恰当，无法到位地解决问题，这是很多企业管理的现状。下面，我们不妨来看一个案例：

某公司发现员工创新意识不够，认为这是他们不思进取、平时不学习导致的，于是硬性规定员工每天上班第一件事：看书看报。时间段为9：00～9：30，如果谁在该时段内不阅读，就会被处以50元的罚款。

看什么样的书，看什么类型的报纸呢？对此公司并没有规定，公司领导只表示，不看娱乐、体育类的图书和报纸都行。公司为什么这么规定呢？因为这是一家图书出版公司，领导者认为员工通过看书看报可以增加知识，了解社会动态，关注民生民情，有助于从中发现策划灵感。

制度虽然执行了，但是却没见到什么效果，反而大家每天都要耽误30分钟的工作时间，这让多数工作积极的员工很不满。他们认为，这项制度无法解决大家没有创新意识这个问题，因为了解社会动态的方式太多太多，在如今这个网络社会，网上新闻多如牛毛，上网看新闻比从图书和报纸上看新闻能了解更多的信息，为什么一定要求看书看报呢？

看了这个案例，很容易让人想到“隔靴搔痒”这个成语，脚痒了，却隔着靴子去挠，能缓解痒的感觉吗？又容易让人想到“望梅止渴”这个成语，口渴了，看一眼杨梅，就能解渴吗？两个答案都是否定的，那不过是一种心理安慰，不过是在敷衍自己。

以上面的案例来说，员工缺乏创新意识，这是很多原因造成的，单单将其原因归结为知识水平不够、了解社会信息较少，恐怕有失偏颇吧！这与隔靴搔痒有何区别呢？事实上，员工创新意识不够，很大程度上是因为根本没有创新意识，或者不知道从什么方面来创新，对员工这两项进行培训，才是真正要解决的问题。

上面的案例提醒我们，针对实际问题制定制度时，千万不要隔靴搔痒。否则，制度制定了，不能解决具体问题，还会让员工感觉别扭，甚至是不满。正确的做法是抓住重点，抓住主要矛盾。对于细枝末节，还是少一些规定好。否则，既不便于员工记忆制度规定，也不便于执行。员工可能稀里糊涂，不知公司的葫芦里卖的是什么药，执行起来也容易走样。

10 铲除“上有政策，下有对策”的歪风

常听人说：“上有政策，下有对策。”还有人说：“道高一尺，魔高一丈。”这两句话共同表达了一个观点，那就是：不管你怎么做，别人都有办法应对。把这两句话放在公司管理上来，管理者一定会深感无奈，因为很多企业里都盛行“上有政策，下有对策”的歪风。

某公司为了保证员工的工作时间，严肃工作纪律，制定了严格的考勤制度。公司规定，员工上下班都必须打卡，如果有人迟到或早退，就要受到相应的处罚，而处罚的方式往往以罚款为主。

制度推出之后，人力资源主管发现员工之间存在相互代为打卡的现象，因为他发现有的员工明明上班时间过了之后才来到公司，可是考勤上明明记录该员工已经打过卡。苦于没有证据抓住员工代为打卡，人力资源主管也很无奈。当他把这一情况反映给上级时，上级领导让他每天来早一点，站在旁边监督员工打卡。

不久之后，人力资源主管又发现了问题，每次他站在打卡机旁边监督时，总有员工主动和他搭讪，甚至有人故意叫他帮忙，把他的注意力引开。顾于同事间的情面，他也不好意思拆穿。后来，公司安装了一部指纹打卡机，希望从源头上刹住代为打卡的歪风。

可是问题又来了，自从推行指纹打卡的方式记考勤，员工迟到的现象并未减少。为什么呢？因为有些员工往往因为迟到一两分钟，就被记录迟到，这让他们很沮丧。有时候他们因为迟到这件小事，可能影响一整天的工作情绪。有些员工还会因迟到被罚款而抱怨，认为公司的制度缺乏人性化。

为什么上有政策，下有对策呢？这一方面说明员工聪明，另一方面

往往说明制度本身存在缺陷和漏洞。当然，关键还是制度本身有问题。假如制度没问题，员工再聪明也找不到空子钻。以上面的案例为例，公司的考勤制度确实少了点人情味。

首先，制度规定，但凡迟到就要罚款，这太过严格。在迟到早退方面，公司没有给员工任何宽容，假设允许员工迟到三次，超出三次，再处以罚款，也许会更得人心。其次，制度规定迟到了罚款，但是如果员工每个月都全勤，有没有奖励呢？案例中没有提到，“只罚不奖”有失公平，员工自然会有不满。

比如，有个公司规定，出纳人员、业务员如果因工作需要而迟到，可以不计迟到。如，出纳要去银行取钱、存钱，业务员要见客户。有一次，出纳给人事部管理考勤的主管打电话，说：“我今天上午要去银行，会晚些到公司，不要给我记迟到哦。”可让人不解的是，出纳员居然准时来到了公司，人事主管问他怎么没去银行，他却说：“去银行早去晚去都可以，不着急。”

这个案例和上面的案例都说明了一个问题：制度有漏洞，员工就会很自然地钻空子逃避制度的处罚。管理者一定要认识到，虽然大多数员工是敬业的，愿意遵守制度，会认真对待工作的。但人性是有弱点的，是有劣性的。要想防备人性的劣性，最好的办法就是制定科学合理的制度，保证制度本身没有问题，没有漏洞，让制度深得人心，这样员工就不会再去钻制度的空子了。

11　果断清除团队中的“烂桃子”

我们经常听到“一只老鼠坏一锅汤”的说法，几乎在任何一家企业，都存在这种坏事的“老鼠”，他们的存在似乎就是要把事情搞砸。

对于团队中的这些“老鼠”，如果你发现他们有碍团队目标的实现，就要果断地将其清除出团队。

为什么要这么做呢？有人说，这些坏老鼠的存在不只是自己坏事，还会带坏周围一帮同事。更形象地说，他们就像果箱中的“烂桃子”，如果不及时清理，它会迅速通过烂口处的细菌传染，把果箱中的好桃子也弄得污水横流。

团队中的“烂桃子”是可怕的，它能让一个正直的人变得狡猾，能让一个积极的人变得懒散，能让一个井然有序的部门变得混乱不堪，能让一个高效的团队变成一盘散沙。所以，对待这种“烂桃子”，还有什么好仁慈的呢？若不果断地将其清除，你的企业将永无宁日。

一个能工巧匠花费几年的时间和精力，制作一个精品陶瓷，一只驴子只需几秒钟就能将其毁掉。如果你的团队里也有这样的驴子，那么你的企业还有什么希望呢？还是赶紧将其扫地出门吧！

任先生是某公司的经理，他曾经将一位威信很高的员工钱某开除出公司，转而提拔了威信不高的李某当某部门的负责人。当时他的这一决定引起了很多人的不解，有员工就去问任先生，说：“这次人事变动在公司引起了很大的反响，无论从工作态度上，还是从群众威信来看，钱某都超过李某，你不提拔钱某也罢，为何还开除钱某呢？”

任先生听了，笑着说：“你这个问题提得很好，钱某工作能力不差，有时候表现确实很好。相比之下，李某的脾气暴躁，人际关系一般，但是他的能力很强，办事果断，善于应变，每次上级交给他任务，他都能出色地完成，并且这个人很有原则性。我听说有一次，他老婆让他帮忙多报销 100 元钱的出差费，他不但不帮忙，而且还严肃批评了老婆一顿。”

说完李某，任先生开始说钱某：“钱某是个善于交际的人，在人际交往中左右逢源，表面上看，他有很多优点，能力也很很强，但是他最大的毛病就是原则性不够，公司出纳休 3 个月的产假期间，我让他兼职做出纳，没想到他未经批准，私自挪用公款5万多元，这些钱已经大多数成了呆账，给公司造成了一定的损失。而且有时候他完不成任务，不主动认错，而是找借口推脱责任，这些缺点对部门负责人来说是最致命的。”

“那为什么要辞退他呢？因为他私自挪用公款吗？”

“是的，私自挪用公款表面上看让公司损失了金钱，但是深入分析，他这种不良品行是可怕的。今天他可以挪用公款，明天他指不定会做出什么对公司不利的事情呢！”

歇了一会儿之后，任先生说：“其实李某就像一只烂了桶沿的桶，表面上不怎么好看，但是没有致命的缺点，能够盛将近一桶水。而钱某就像一只烂了桶底的桶，表面上看这只桶完美无缺，但实际上已经无法盛水了，这就是我开除钱某，提拔李某的原因。”

后来的事实证明，任先生的用人之道没有错，李某不仅把部门管理得井然有序，富有活力，还把自己变成了公司管理层的骨干人员，而且其脾气暴躁的毛病改善了很多，与员工们的关系也大大改善。

任先生用两个形象的比喻，将李某和钱某深入剖析了一番，他眼中的钱某是只烂了底的桶，已经无法盛水了，如果继续用这只桶盛水，不但会浪费水，从桶里漏出来的水还会打湿其他物品，所以，他对公司已经失去了价值。

身为企业管理者，在选人用人的时候，就要像任先生这样慧眼识才，不被表面现象所迷惑，准确地辨别“烂沿桶”和“烂底桶”，既不放掉一个优秀的人才，也不留下一个“烂桃子”，以免一颗“烂桃子”毁掉一箱“好桃子”。这样才能保证团队拥有清正廉洁之风，才能保证团队拥有高效的执行力。

12 拒绝“内讧”，整体利益高于一切

有这样一幅漫画：

漫画上画着两头被拴在一起的毛驴，两只毛驴的不远处各有一堆草。为了吃到身旁的草，两只毛驴拼命向离自己近的草堆用力拉绳子，但由于绳子不够长，两只毛驴的力气又差不多，因此它们都无法吃到草。

经过一番较量，它们似乎明白了内讧、争斗是没用的，这样大家都吃不到草。于是，它们停止了内讧和争斗，转而采取合作的姿态去吃草。它们先一起走到一堆草旁边，让一只毛驴把草吃完，然后再一起走到另一堆草旁边，让另一只毛驴吃草。最后，它们都填饱了肚子。

这幅漫画告诉我们：内讧是不明智的，合作才是团队制胜的法宝。因此，管理者一定要解决好企业内部的分歧、争斗、猜忌等问题，让团队成员之间保持信任、理解、合作，把团队拧成一股绳，从而实现团队的大目标，这样才能从根本上保证每个员工的利益。

众所周知，自私和欲望是人性的一大弱点。有些人就是见不得别人比自己出色，一旦别人比自己出色，他们就担心自己的风头被抢，担心自己的利益受损。这种现象在企业内部十分常见。管理者如果不能解决员工之间的矛盾和争斗，那么就很难为企业的发展保驾护航。

熊先生是深圳某软件公司的市场策划部总经理，他在公司工作了六年，算得上是元老级的员工。对企业的忠诚度不用说，对工作更是尽职尽责。虽然他只有35岁，但是由于软件行业的性质，他那些退化的技能以及日益下降的市场敏感度，已经使他不能胜任市场策划部总经理一职。为此，公司一年前招聘了一名副总经理来辅助他的工作。

在这一年多的时间内，多数关键性的工作均是由这位副总经理完成的，熊先生为了保全自己的权威与地位，经常与副总经理抢功，偶尔还会给副总经理“穿小鞋”，在背后说副总经理的坏话。

副总经理年轻气盛，心想：我给你打天下，你抢我的功也罢，但是你给我“穿小鞋”，在背后说我坏话我无法忍受。于是，副总经理采取了回击的姿态，结果两人的关系急剧恶化，他们之间的争斗几乎成了公司里公开的秘密。

高层知道二人的矛盾后，并没有积极协调，他们睁一只眼闭一只眼，只有总裁私下劝过副总经理：“你忍一忍吧，这个位置迟早是你的，不过当前，你资历尚浅，人家是老员工，对公司也有深厚的感情，你年轻，就忍让一下吧！”

副总经理嘴上答应了总裁，但是忍受了两个月后，他再也忍不下去了，最终不顾上司和总裁的挽留，毅然决然地离职了。

当企业内部出现内讧时，管理者应该站在公司利益的角度，从整体出发来协调和解决内讧。上面的案例中，总裁让副总经理忍一忍，其实是在偏袒总经理熊先生，这样就让副总经理感到很不公平、很受委屈。如果总裁批评总经理，让总经理大度一点，又会伤害总经理的心，下面这个案例就说明了这一点。

北京某公司的行政部总经理姚淑和副总经理大吵一架之后，即向人力资源提交了辞职信，准备离职。同时，她向公司全体员工群发了一封邮件，标题是“这是一家卸磨杀驴的公司”。在这封邮件里，她用长长的文字讲述了自己加盟公司后为公司做的所有贡献，声称：“公司管理层没有人情味，见自己职业能力有所欠缺，就抛弃自己，选用新人代替自己。”一时间，这封邮件在全体员工中引起轩然大波，对公司造成了很不好的影响。

事情是这样的：公司半年前招聘了一位年轻的行政部副总经理，该新人入职后提出了很多的行政工作改善建议，大大节省了公司的行政成本，提高了行政部的工作效率。公司鉴于她能力突出，贡献较大，就公开表扬了她，还给她颁发了数额不菲的奖金。慢慢地，姚淑感觉到自己不被上司重视，而副总经理则越来越“红”，于是她产生了嫉妒心，处处与副总经理对着干，最后公司了解了情况后，狠狠批评了姚淑，还在全公司通报批评她，让她感到心都凉了，这才有了她后来辞职、群发邮件这些事。

从上面的两个案例中我们可以发现，当企业内部发生内讧时，管理层偏袒任何一方的做法都是不明智的，最有效的做法就是本着公平、公正、客观的原则，把两位有矛盾的正副总经理叫到一起，提醒其尊重企业的整体利益，解决好彼此间的矛盾，更好地为企业效力，否则，两人都必须“走人”。

然后私下与总经理进行谈话，说：“你资历老，年纪大，应该对人家包容一点、照顾一点，毕竟人家是在你手下工作的，也为你做了不少事，没有功劳也有苦劳，你何苦为难人家呢？有功劳不用抢，上司看得很清楚。”

接着，再与副总经理进行谈话，说：“你工作能力出众，但资历尚浅，还应跟着总经理历练历练，对总经理的不良行为，你不妨装一装糊涂，不要太往心里去。你有功劳上司是看得见的，你做出了多少成绩，上司心里十分清楚，你好好干，不要被总经理影响。”通过这种办法，应该可以协调好两人之间的矛盾，至少使其有所收敛，从而保证公司的整体利益不受影响。

第六章

制度考核要公平，坚决不能煮大锅饭

BIERANG
ZHIDU HUILE
NIDE TUANDUI

1 制度面前人人平等

作为老板，要把公司的制度视为头顶悬挂的“三尺利剑”，要对其心存敬畏，要坚决按制度办事，而不能做违反制度的反面教材。然而，在现代企业管理中，总有一些老板把自己凌驾于制度之上，无视制度的存在，任意践踏制度，而且自己丝毫不以为然。

某公司王老板带领一位客户到生产车间参观，走到车间门口时，客户问王老板：“我没有安全帽可以进去吗?”老板说：“可以。”客户问：“可是你们的安全标识清楚地写了必须要戴安全帽啊!”王老板笑着说：“何必那么认真呢？那些安全生产标准是针对员工的。”客户参观完生产车间后，再也没有和王老板联系。

“那些安全生产标准是针对员工的。”这一回答很是耐人寻味。难道公司的制度是针对员工制定的？难道管理者、公司老板就可以无视制度的存在？如果真是这样，叫员工怎样信服？企业又谈何公平？当员工感受不到公平时，他们的工作积极性怎能有保证呢?

当员工违反制度规定时，考验的是你的内心够不够“狠”。你有“诸葛亮挥泪斩马谡”的“狠劲”吗？或许你会动摇，你会给“马谡”找借口——“他是个人才，这次犯错不过是大意。”“我和他的关系很好，饶他一次吧!”如果你这样想，那么你就很难做到公平公正。

其实，按制度办事讲究的是“对事不对人”，处罚员工是因为他违反了制度，处罚只是手段，目的是提高员工执行制度的自觉性，提升管理效率。在一档对话节目中，有这样一段对话：一位干部说：“我只是轻微违反了公司制度，却受到了严肃的处罚，我委屈得一晚上没睡好觉。”他的领导接过话来说：“你还不知道吧，我考虑是否处理你、怎么处理你，连续三个晚上都没睡好觉。”由此可见，坚持制度面前人人平等，不是一件容易的事。

俗话说：“人心都是肉长的。”当公司骨干、高层管理者违反制度时，企业老板是否能下得了狠心，坚决按制度予以处罚呢？如果你问联想总裁柳传志这个问题，你得到的回答一定是肯定的。

制度面前，人人平等。公司建立制度后，关键在于执行，只有制度得到了严格的执行，才会显现出生命力。值得注意的是，在执行制度的过程中，有些人总是看到规章制度对自己的约束性，却没有看到规章制度对自己的保护性。当他们的行为违反了制度时，就会想方设法地逃避制度的处罚——或因为自己身居要职，或因为自己和相关负责人关系密切，从而要求得到关照。对此，我们应该坚决禁止，并且重申：公司只有工作关系、同事关系，绝对没有亲戚关系、兄弟关系、朋友关系。

老板要明白，一个好的制度，一定是倡导公平公正的，一定会让大多数普通员工感到心情舒畅，一定能让大多数人的活力得到释放。因此，一定要长期坚持执行制度，海尔集团的总裁张瑞敏曾经说过：“把简单的事坚持做好就是不简单，把平凡的事坚持做好就是不平凡。”同样的道理，企业坚持把制度执行下去，坚持做到在制度面前人人平等，企业就会变得不简单、不平凡。

2 公平考核，让每一个员工放心

考核员工的工作业绩是企业管理者的例行事务之一，一般来说，企业都有比较完整的考核制度，管理者只需依据考核制度对每个员工进行评估，进而确定其薪酬等级以及实发工资数目即可。但在现实生活中，不少员工却常常大呼“不公”，这就涉及到考核制度的制定以及执行问题。

衡量员工的价值，一定要用同一把尺子，如果仅仅因为有人业绩太差，就给他换个短点的尺子，那么业绩优秀的员工必定会感到不公平。所以，管理者一要保证考核制度的公平性，二要保证制度执行的公平性，不管是谁，工作考核时一律按制度来，绝不讲半点情面，只有这样，才能让每个员工放心，不会因考核不公而影响他们的工作情绪。

红豆集团总裁周海江曾说：“红豆就是要给每个人创造公平竞争的机会，不管你来自哪里，什么学历，只要你有能力，在红豆就不愁没有机会！”事实上，红豆集团也一直坚定不移地贯彻着“公平考核”的优良传统。

在选团支部书记时，红豆管理层既没有按照个人意愿指定人选，也没有选择“空降式”的“外来和尚”，而是在外贸制衣车间里，展开了一场竞争上岗的演讲比赛。只要有参选意向者，都有均等的竞选机会，比赛由评委会现场评分，保证公平、公正和公开，每位参选的员工都是当场公布成绩，谁得分最高，谁就可以成为新任的团支部书记。

在红豆集团，没有所谓的“关系户”，一切都是以绩效为导向，只要你的工作能力够出众，那么根本不愁得不到重用。最终，一名来自车间一线的工人王奎凭出色的表现当选为团支部书记。王奎学历不高，家乡远在安徽的一个偏远农村，但他工作努力，很有上进心，当选后，他激动地说："如果不是竞争上岗，作为一名一线工人，是很难有这样的机会参加公平竞争的。"

红豆集团公平竞争的考核机制，大大激发了员工们的工作热情，企业的生产效率也随之提高。在红豆集团，69 个三级企业团支部的 237 名团干部，全部都是公平的竞争上岗，没人搞小动作，也没人拉关系，集团通过这项制度让每名员工都有公平竞争的机会，员工安心了，队伍也就团结了。

只有给予下属公平竞争考核的机会，帮助他们实现个人价值和人生目标，企业才能拥有源源不断的发展动力。管理者要想把企业做大做强，就一定要公平考核，最好将考核透明化，这样每个员工对考核内容都能做到心中有数，自然也就能安心工作了。

3 制度考核要有连贯性、持续性

不少企业对待绩效考核时，往往有一个特点，那就是看老板的心情。老板发现公司生产效率有问题，一着急，就推出绩效考核，严抓员工的绩效。抓了一阵子绩效之后，老板发现公司生产效率提高了，效益提升了，心情大好，于是就放松了对员工绩效的要求，开始不太重视绩效。这就会造成绩效考核有一段没一段，员工对工作就难以持续保持高效率。

小周在一家私营公司做部门主管已经有 3 年了。老板以前不是很重视绩效考核，但依靠自己所拥有的资源，依然保持较快的发展速度。可是近几年，由于同行竞争越来越激烈，公司拥有的资源也失去了优势，加之公司长久以来给员工带来的优越感，使得大家对工作没有什么进取心。

一天，老板从财务那里得知公司的效益连续半年持续走低，顿时就产生了危机感。为了把这种危机感传达给员工，他宣布一个月后要进行考核，考核的标准比较多，员工对照这些标准，发现自己很多方面不达标，于是大家拼命地“补”，想顺利通过考核。

在一个月的考核中，大多数员工的业绩达标，大家都松了一口气，老板也从这次考核中找到了心理安慰。于是，在之后的半年中，考核中断了。半年之后，老板又决定考核，理由是他发现员工工作积极性不高。在这种有一次没一次的考核中，员工整天提心吊胆的，为了考核而弄虚作假的现象比较严重，考核带给员工的进步非常有限，对公司效益的提高也微乎其微。

其实，真正的考核不是突击检查，不是某一次考核，而是一种长期坚持下来的管理模式，只有持续不断地考核，并根据员工在某一个持续的过程中的表现，对员工进行奖惩，考核才能真正发挥作用。

比如，某员工在多次考核中，一直保持较好的绩效，而且绩效呈现上升趋势，那么对于这样的员工，企业应该予以奖励。某员工在多次考核中，绩效一直平平，既没有大进步，也没有大退步，对于这样的员工，企业应该提醒员工提高绩效。某员工在多次考核中，绩效一次不如一次，或大体上呈现下降趋势。这时候，老板应该主动与员工沟通，找出绩效下降的原因。如果绩效下降是因为员工工作态度不好，那么给予相应的处罚也不为过。只有做到奖励先进，鞭策后进，才能在企业内部传达一种积极向上的工作风气，才能让企业拥有持续的战斗力。

4 对下属既不要有偏见，也不要另眼相待

作为企业领导者，如果对下属流露出亲近的态度，那么往往会被有心之人利用，轻则流言到处飞，重则会被员工扣上任人唯亲的帽子；而一旦表现出厌恶的情绪，又难免会与员工产生隔阂，从而影响整个队伍的团结。所以，管理者必须抛弃亲近和厌恶的个人情绪，对待下属既不能有偏见，也不能另眼看待。

一个人能否成为优秀的管理者，关键在于其能否控制好自身的情绪。面对千辛万苦挖来的技术骨干，即便是生气也要学会笑脸相迎，在高层权力斗争中，哪怕是如坐针毡，也要做到镇定自若。对于领导人来说，控制情绪、处变不惊是统御下属的基本功。

老陈是一家大型公司的老总，手下有三员大将，财务总监 A，技术主管 B 和主管业务的小 C，三人的工作能力自不必多说，都是专业领域内的好手，老陈对他们也颇为信任。可一旦四个人聚在一起开“碰头会”，马上就会闹得鸡飞狗跳，不欢而散。

主管技术的 B 原则性很强，但为人十分刻板，做事情往往一根筋，只要是决定了的事情，九头牛也拉不回来，因此常常与老陈对着干。起初，老陈认为 B 工作认真，除了认死理也没有什么大缺点。然而一个月前，当老陈要求 B 对产品进行技术改良时，B 则坚持自己的观点，认为改良不如研发新产品。一周前，针对降低产品不合格率的事情，两人又开始了激烈的辩论……久而久之，老陈实在忍无可忍，一见到 B 就满脸不高兴，甚至开会时公开打压，禁止他发言。

一时间，老陈打算更换技术主管的消息便在整个公司传开了。由于

专业技术过硬，工作认真，B在技术部门的口碑相当不错，此流言一出，不少拥戴B的员工都开始怂恿他主动跳槽，并明确表示愿意继续跟着他混。老陈厌恶的眼神，让这位得力的技术主管也颇为受伤，再加上真假难辨的谣言，与其被降职或辞退，还不如另寻出路，一周后B递交了辞职申请，与他一同辞职的还有一大批技术骨干。

老陈就是因为对下属有偏见，从而挫伤了下属的工作积极性，最后致使技术骨干集体辞职。由此不难看出，哪怕是心里再不高兴，也不能把情绪带到管理工作上来，否则很可能会造成不必要的麻烦。

作为企业领导人，不管在什么时候，都要保持理智和冷静，既不能因为欣赏某位下属而对其另眼看待，也不能因为员工脾气秉性与自己不和，就对他心存偏见。太过于情绪化的人注定当不了领导，身居高位的企业管理者往往会牵扯到各种各样的利害关系，要想避免被人利用，就不能被情绪所左右，只有以相同的态度对待所有人，才能让下属们安分守己地听从自己调遣。

5 争议面前，做一个公正的裁判

有人的地方就有争端，作为企业管理者，常常要在处理下属关系和矛盾时，充当“裁判”的角色。这时候，你千万不能有意偏袒任何一方，更不能强行改变原本公正的判决结果，否则很可能威信扫地。

在现实生活中，员工因工作而引起激烈的言语冲突，再正常不过。在这种情况面前，不少领导往往是“非礼勿看，非礼勿听”的态度，不管下属争吵得如何厉害，他们都佯装不知，甚至让人误以为耳聋了。实际上这种不作为的管理方法并不明智，因为你的沉默就等于纵容，于是原本的争吵很可能会演变成了相互扭打，破坏了公司气氛不说，还会造成员工身体上的损伤。

那么，作为一个合格的管理者，在争议面前又该怎样做呢？老丁是一家中型企业的部门经理，这天眼看就要下班了，结果办公室走进来了两个怒气冲冲、相互喷火的下属。这两名下属是老丁的得力干将，现在居然脸红脖子粗的对吵。

原来二人在组建分公司的对外发展战略上存在严重分歧，结果说着说着便吵了起来，谁都不是轻易认输的人，所以来找上司老丁评理。作为裁判，老丁心里十分纠结，张某虽然有理，但他在平时的工作中异常自大，所以树敌颇多；陈某尽管做事稳妥，但这么长时间过去了，似乎一点长进都没有。在安排组建分公司带头人的事情上，老丁头疼不已。

当断不断，反受其乱，老丁深知这一点，所以哪怕是得罪人，也不能态度暧昧，否则只能让两个人的争论再次升级。考虑到两人都是自己的左膀右臂，所以老丁出言制止了两人的争吵，“你们的意见我都听到了，一直这样大声叫嚷下去也不怕同事们看笑话。”

作为部门经理，一旦失了公正，则必定会令某一方不满，从而埋下不稳定因素。出于公正，老丁最终做出了一个决定，将组建分公司的对外战略交给张某，公司内部的事情则交由做事稳妥的陈某负责。至此，矛盾才算真正得以化解。

越是在争议面前，企业领导人越要大公无私，只有敢于板起脸面做“包青天”，对事不对人，才能避免因不公正裁决伤了下属的心，引起上下级之间不必要的隔阂。

不要害怕被卷入到下属的争吵漩涡中去，面对员工之间的争吵，管理者要学会主动出击，做一个公正的裁判，尽快解决争端，化解员工之间的矛盾，故意视而不见、充耳不闻只会破坏内部团结，对企业的长远发展而言，是十分不利的。

6 活力与创造力是“淘汰”出来的

大自然的竞争法则告诉我们，不努力就要被淘汰。这个道理在企业中同样适用，企业要想在“不进则退”的市场丛林里生存下去，就必须将危机意识灌输给员工，让大家永葆忧患之心，让企业保持“人人争先进，绝不做落后的羚羊”的工作风气，如果谁落后了，谁就要被淘汰出局。这样还有人会不思进取、混混沌沌地在企业中度日吗？

杰克·韦尔奇在担任通用公司首席执行官的时候，把全体员工分成三类，前面最好的20%，中间业绩良好的70%，和最后面的10%。前面20%的员工在公司里享受着物质上的奖赏，享受着精神上的赏识和爱惜，因为他们是创造奇迹的人。失去这样一批员工，那是领导者最大的失职。

当然，最好的20%的员工与中间的70%的员工并不是固定不变的，他们经常会变动，但是韦尔奇认为，最后的那10%的往往不会有什么变化。这对于把公司未来寄托在人才身上的通用公司来说，淘汰这10%的员工是每年必须做的事情。只有这样，才能激发出全体员工的进取心和创造力，在这种氛围中，真正的精英才会产生，企业才会兴盛。

10%的淘汰制，造就了通用电气充满活力的氛围。这个案例告诉我们，作为企业管理者，不仅要重视用好每个员工，还应重视这些员工的变化，对于有用的员工应该尽可能发挥他们的作用，对于无用的员工必须果断地淘汰。这就是兵法上所谓的“求之于势，不责于人”的用人之术。

在“淘汰”的威胁下，人人都会充满危机感，每个工作日都会成为一个竞争与较量的过程，到最后留下来的员工会斗志昂扬，不断前进，企业所期盼的活力与生产效率才能够出现。淘汰表现不好的员工，就如同为了保全救生艇上的大部分人，必须放弃一部分人的生命一样，这是自然界的残酷法则，也是企业必须面对的竞争法则，这样企业才能不断提高竞争力，最终成为业界的优胜者。

7 公平公正，并非不近人情

一个优秀的企业，在执行制度上，应该坚持公平、公正的原则。任何人不论地位多高，功劳多大，只要违反了制度，都应该接受应有的惩罚。这样，制度的权威性和严肃性才能得到维护，企业各项事务才能有条不紊地进行。

制度是人制定的，需要人来执行、操作。人是有感情、有思想、有需求的，所以，管理者在执行制度时必须“以人为本”，要尊重员工和爱护员工。

人性化管理是现代化管理的必然要求，在制度中注入人性化因子，管理才具有生机和活力。管理者在处理公司事宜时，必须一视同仁。不能因为亲疏关系有所偏颇，也不能依据功劳大小而尺度不一。如果对某人从轻处理，或者对某人处罚过重，管理者在员工中的威信就会减弱，就不利于企业的稳定和发展。但是，制度不能成为对员工冷漠的借口。管理者在执行制度时，要充分考虑员工的情绪，对员工以足够的尊重和关爱，在制度允许的范围内给员工以帮助。

GE 公司的前任总裁雷杰・H. 琼斯，曾在公司直属的一家企业做主管。某天，琼斯巡视产线时，发现有一名员工在睡觉。琼斯推了他好几下，他才醒来。员工双眼布满血丝，神情恍惚，按照生产部门制度，在工作时间睡觉是要记过处分的。琼斯叫来产线组长，给这名员工记了过。当产线组长准备批评员工时，琼斯拉住了他。他为员工批了半天假，让员工回去好好休息，又找来与该员工关系要好的人了解情况。

原来该员工的妻子出了车祸，他在家里要照顾妻子，还要照顾孩子，根本没时间休息。了解到这个情况之后，琼斯向人事管理部门申请让该员工带薪休假。琼斯的做法赢得了员工的赞赏和信任，他们在生活上和工作上出现问题都愿意去征求琼斯的意见。而琼斯的号召总能得到积极的响应，车间的生产效率不断提高。

琼斯既处罚了犯错的员工，维护了公司制度的权威性，又为员工解决了实际困难，体现了对员工的尊重。严格执行公司制度，并不意味着不讲人情，成功的管理者在一碗水端平的同时，还会充分考虑到人情世故。

赏罚分明可以鼓舞士气，尊重员工可以提高企业的凝聚力，成功的管理者都明白这个道理。在快速发展的企业，老板都会严格地约束员工的日常行为，但其公司氛围却轻松和谐，主要原因在于老板在铁面无私的同时，还有一颗火热的心。

8　违章必究，处罚得当

考核不是走过场。在制度考核中，发现员工违反制度规定时，一定要严肃地处理。只有这样，才能维护制度的威信，考核才能发挥“及时纠正员工的不足”的作用。这一点在著名的柯达公司就表现得很好。

柯达公司是世界上最大的影像产品生产商，其前北亚区主席兼总裁叶莺曾经说过：“如果你到日本人家里去，你就必须脱鞋，不管你脚上的鞋多么贵重，即便你连地都没有沾，你都要脱鞋。这是一个入乡随俗的规矩。同样，如果你到我柯达的‘新房’，你必须听我柯达的声音。”她还说过：“你要玩我的游戏，你就必须遵守我的游戏规则。”

在叶莺的管理思维里，一旦员工违反了制度，就会受到惩罚，而她最喜欢用的惩罚手段就是罚款。在她看来，价格手段永远是促销产品的最佳法宝，罚款是对员工最好的制裁。因为罚款可以直接触及员工的经济利益，因此，它是仅次于辞职、降职、降薪的严厉处罚。

由于员工对自己的经济利益十分敏感，因此，当自己违反了公司的制度，被处以罚款时，他们往往会受到非常大的警醒。同样，当员工有出色的表现时，柯达公司也会用金钱奖励他们，这对提高员工的积极性非常有效。

从叶莺的话中我们可以看出，罚款并非柯达公司处罚员工的目的，真正的目的是让员工有所触动，从而积极改正不良的行为。除了罚款，还有很多处罚的方式，但无论哪种处罚方式，都要与员工所犯的错相适应，做到处罚得当，才能让员工心服口服。这就要求在考核制度中事先制定相应的处罚措施，员工某些方面没达到公司制度的要求，就会受到相应的处罚，这样员工就无话可说了。

在处罚员工的时候，一定要让员工知道他错在什么地方，还要让他明白，他的错违反了哪一条制度规定。同时，还要让员工明白，他要为自己犯的错承担多大的责任和代价，到底是被罚款，还是被降职、降薪，这个事先都应该在制度里明确规定，而且还应该合理规定，千万不能随意处罚，随口开价，这样会让员工很没有安全感，也很没有被尊重的感觉。

当然了，对于有些不值一提的小错或制度里没有规定的错误，管理者可以采取宽容的态度，提醒员工一句注意改正即可，没必要为了一些鸡毛蒜皮的小事而小题大做，那样不仅达不到制度管人的目的，反而会引起员工的不满，是没有必要的。

9 爱岗敬业是考核员工的终极目的

绩效考核，考核的到底是什么？有些管理者误认为，考核的目的是为了给员工核算工资找到依据。若不考核，就不知道员工的表现，也就不知道该给员工多少工资了。因此，很多企业在给员工基本工资的基础上，再给员工一个绩效工资，而这个绩效工资主要通过考核来确定。

有些管理者认为，绩效考核的目的是发现员工的不足，及时指正，使员工的工作效率得以提高。因此，他们很注重绩效考核后与员工沟通，沟通的目的是让员工清楚自己表现好的地方和表现不好的地方。毫无疑问，这种做法非常正确，但对于绩效考核的理解确是错的。

事实上，考核的最终目的不是为了核算工资，也不是为了让员工改正不足，而是为了考核员工是否爱岗敬业。爱岗敬业是一种工作态度，是一种职业精神，一旦员工有了这种态度和精神，他就会自发、自觉、自主地对待工作，把工作当成自己的事业，投入热情、激情和感情，这样他才会做出更大的成绩，为企业的发展注入活力与动力。

那么，怎样考核员工是否有敬业精神呢？对此，很多管理者存在一个天大的误区。在这方面，有一个典型的案例：

有个年轻人，进入一家公司工作一个多月，每天都能保质保量地完成工作，工作中没有出现任何纰漏和生产事故，唯一的“不足”就是每天准时下班。但让他不解的是，公司领导在月末的绩效考核中，给他打了一个差评，理由是他没有主动加班的精神，说他工作态度有问题，不敬业、太懒散。

与他相比，那些老员工就聪明许多，每天上班懒懒散散，说话闲聊，上网聊天，淘宝购物，工作完不成，下班的时候加班，硬是拖时间，磨“洋工”，领导一看，大家真敬业，下班了还不走，心里有一种莫名的自豪感——我的员工真为我卖命。因此，他们在绩效考核中得到的都是好评，绩效工资照单全收。

事实上，那些喜欢下班后“加班”的员工，每天的工作状态和工作效率，并没有那位上班好好干活，下班准时走人的年轻人工作效率高。可是，谁叫公司领导只认“工作态度”，不认工作成果呢？谁叫公司领导只认“加班就是敬业，准时下班就是懒散”呢？

把加班当成敬业，把准时下班视为不敬业，这种事例时常耳闻，不看业绩，只看表象的管理者大有人在。再者，如果员工能力突出，上班时间就把本职工作完成得干干净净，你让他下班后加班加点干什么呢？所以说，天天加班，下班后还不走人，绝对不是敬业的标准。如果管理者真的认为这才是敬业，那么这家企业肯定走不远。因为这种只看表象的做法只会磨灭真正敬业者的积极性，使懒散、混日子的员工留下来。

其实，真正的敬业首先还要看工作业绩，如果员工每个月都能保质保量甚至超额完成工作任务，那么可以肯定，他的工作效率是高的，他的工作态度也往往没问题。因为假如一个员工的工作态度有问题，你觉得他会保持高效率的工作吗？所以，绩效考核要看关键点，员工的工作业绩首当其冲。

有了业绩还不够，还需要不断进步，柳传志曾经说过：“如果一个员工进入联想三年，没有什么进步，说明我不称职。”企业必须让员工成长，员工也应该不断进步，保持进步的员工，你还能说他不爱工作，不爱公司，不爱岗敬业吗？

保持进步还不够，还需要有良好的团队精神，懂得维护公司的形象，敢于承担责任，爱护公司财物，为公司的利益着想。比如，不随便挪用公司的物品，节约公司的水电和纸笔等等，别看这些是小事，事实上它们正是员工是否爱岗敬业的重要表现，也应该成为绩效考核的内容之一。

10 将工作态度纳入考核之中

态度决定人生，态度也决定工作效率。一个人如果工作态度不好，我们很难想象他能干出成绩。下面的小故事就是最好的例证。

有三个人在工地上砌砖。有人问第一个人："你在做什么?"第一个人没好气地说："你没看见吗？我正在砌墙啊!"这个人问第二个人同样的问题，第二个人说："我正在上班赚钱呢，每小时10块钱。"这个人问第三个人同样的问题，第三个人说："我正在建造世界上最伟大的教堂。"

十年之后，第一个人还在砌砖，第二个人成了小包工头，第三个人成了建筑设计师。

面对同样的工作，三个人有不同的工作态度，也有不同的人生。由此可见，工作态度决定工作时的心情，也很大程度上决定了工作绩效。因此，绩效考核要将工作态度纳入进来，通过考核员工的工作态度，来促使员工保持良好的工作状态，继而取得良好的工作业绩。

对于员工来讲，工作态度也许比工作本身更重要。因为工作态度能成就一个人，如果员工热爱工作，能够全身心地投入到工作中去，那么工作就会成为一种乐趣，困难就会成为一种挑战，挫折也会成为一种财富，这样员工就很容易在工作中获得成长，在成长中获得成就感。

那么，怎样才能将工作态度纳入到考核中来呢？

管理者可以先将工作态度的考核指标列出来，比如，上班时间不说话、不上网聊天、不网络购物、不浏览与工作无关的网页，还有配合同事工作，按质按量地完成工作任务。将这些条款列出来之后，公布给员工，让员工明白自己应该怎样做才符合公司的考核指标。

然后，管理者在平时的管理中，可以针对员工工作中的表现予以奖励，比如，当员工积极配合同事，协助同事完成工作时，管理者可以找准机会表扬员工。当员工出色地完成了任务时，给员工一些奖励。在这点上，我们不妨借鉴下文案例中的管理者。

美国有一家公司的总裁看到一名下属出色地完成了工作任务，便马上想到奖励这名员工，当时他手边没有什么有价值的东西，果盘里只有一根香蕉，于是他把这根香蕉递给下属，对下属表示肯定和感谢。

虽然总裁只奖励员工一根香蕉，但这根香蕉的意义绝非寻常，那意味着一种肯定，一种认可，对员工能产生非常大的鼓舞。这根香蕉带给员工精神上的激励远远大于一根香蕉所值的钱数。总而言之，将工作态度纳入公司的绩效考核制度中来，并设置相关的奖罚措施，就能让这项考核制度发挥巨大的作用。

11 建立公正的绩效评估制度

关于绩效评估机制，有一个有趣的故事：

从前，有个农夫养了很多猫，在他的吩咐下，猫去屋里抓老鼠。猫看到一只老鼠后，纷纷冲上去，老鼠见势不妙，仓皇而逃。主人见猫一只老鼠都没抓到，就讥笑道："你们真没用，居然连一只老鼠都抓不到。”猫回答说：“我们抓不到老鼠最多被你饿一顿或打一顿，可老鼠如果跑不掉就丢掉了性命，因此，我们和老鼠的动力是不一样的。”

农夫意识到没有给猫足够的激励，于是他宣布：凡是可以抓到1只老鼠，就可以得到10条小鱼，抓不到老鼠的就没有鱼吃。就这样猫纷纷努力捕老鼠，因为没有哪只猫想饿肚子。在这种情况下，农夫也轻松了许多，再也不用担心猫抓不到老鼠，粮食被老鼠吃掉。

又过了一段时间，农夫发现猫虽然能捕到老鼠，但老鼠的个头大小不一样，有些猫在追捕老鼠时专挑小老鼠，因为小老鼠跑得慢，比较容易捕获，而大老鼠经验丰富，跑得快，很难抓捕。农夫发现了蹊跷之后，决定改革绩效考核机制，按照猫捕获的老鼠的重量来进行奖励。很快，这一招也起到了作用。

这个案例反映了企业绩效考核中常见的几个问题：如，员工缺乏激励，动力不足；分配机制不规范，员工钻空子。要想避免这样的问题，最好的办法就是建立公正的绩效评估机制，保证制度没有漏洞可钻。在这样的机制下，员工要想获得奖励，就必须努力工作，创造更好的绩效，否则，他就要饿肚子。

俗话说得好：“重赏之下必有勇夫。”奖励是激发员工工作动力的重要筹码，惩罚是鞭策员工进步的直接利器。只有通过公平公正的奖罚制度，才能促使员工全力以赴地为企业工作，也才能在绩效评估中获得他们想要的结果。有这样一段对话：

A企业的老板问B企业的老板：“为什么你们的促销员、业务员和区域经理一个个都是拼命三郎，而我们的员工个个都像寺庙里的和尚，做一天和尚撞一天钟？”

B企业的老板回答说：“因为我们的员工只要努力工作，创造了业绩，他们一辈子的饭菜都解决了，而且很丰盛；而你们的员工再怎么卖力，也只能得到一顿丰盛的饭菜。”

B老板的话一语道破了绩效考核的意义：那就是没有激励，就没有业绩。要想员工有业绩，就要给出令员工心动的激励。否则，员工也不会为企业拼命。所以，建立清晰具体且公正客观的绩效评估机制，对激励员工具有十分重要的意义。

12 保证考核的客观性和权威性

日本“经营之神”松下幸之助曾经说过：“不管有无制度，经营上总是要经常对人进行考核；如果缺少对业绩、能力的制度性考核，我们只能依赖一线监督者的意见做出人事安排，稍有疏忽，稍有不注意就会出现不平、不公，导致不满，损害士气和效率等。所以，有作为的经营者都会采用人事考核制度，努力对员工的能力和业绩做出客观而公正的评价。”

“经营之神”的话告诉我们，企业不仅需要绩效考核制度，而且需要客观性、权威性强的绩效考核制度，这样才能避免出现不公、不平，避免员工产生不满，损害士气和效率。不信，我们来看一个案例：

甲和乙通过招聘，同一批进入一家销售公司，两人各有不同的工作方式，但把营销工作做得都很出色，两人在企业里都有很好的发展前景。两年后，两人通过绩效考核，分别被提拔为部门的业务经理。

一次，公司为了扩大业务范围，需要一位地区销售经理。对这两人来说，这都是一次不错的机遇和挑战，因此，他们都递交了申请。但是到底让谁去呢？领导感觉很为难，因为无论是在能力上还是在人际交往方面，甲和乙不分伯仲，表现都很出色。

领导想当然地认为，让谁去当地区经理，另一个人都不会有意见。

于是，他根据公司的绩效考核制度虽然评估一番，却只是走了一个过场，最终让关系与自己较好的乙担任地区经理。结果，甲很想不通，他认为公司的绩效考核制度不够客观公正，让自己的利益受到了损害，于是他提出了辞职。公司极力挽留，但无济于事。

客观的绩效考核机制是保证公平公正的最佳手段。如果企业的绩效考核制度有问题，比如：不够公平，不够客观，某些条款让人难以信服，那么考核出来的结果肯定不被接受，在这种情况下，绩效考核就会失去权威性，变成一个制造不满和怨气的东西，对企业的危害是相当大的。上文案例中，因为绩效考核制度不具备客观性，直接导致员工愤然离职，使企业失去了一个优秀的人才，真的是一件可惜的事情。

那么，怎样才能保证考核制度的客观性和权威性呢?

考核指标一定要科学。相同的岗位有相同的岗位职责和要求，因此，应该适用相同的考核条款，而不同的岗位有不同的工作职责和要求，应有相适应的考核条款。所以，考核制度的公正性和权威性体现在于，针对不同的岗位设置具体的考核指标。

考核人员必须保持公正。绩效考核是一项复杂的系统性工程，对于负责考核的人员要求很高。公司在选择考核人员时，要选用业务能力强、为人正直、能坚持公道的综合素质较高的人员。不仅如此，还应对他们进行培训，使他们掌握考核的内容、方法、标准等关键的指标，确保他们能够严格按照要求来实施绩效考核。为了避免考核人员在绩效考核中出现不坚持原则、乱打分的现象，公司还应对考核人员进行监督和回访，一经发现一定要严格处罚。

考核的方法要多样。要全面了解员工的工作效果和工作业绩的真实情况，多途径的考核方法尤为重要。日常考核中往往以看资料、查数据为主，一些工作真实情况很难掌握。所以，在工作业绩考核中，要集思广益，多采取一些好的方法和措施进行考核。

例如考核专卖人员，要了解市场监管工作情况、文明执法情况等，就要到基层一线去，通过走访零售户、消费者等，了解专卖人员工作情况，发现工作存在问题，考核工作业绩。也可以召开零售户、消费者座谈会，准确了解市场监管和行政执法工作情况。而对与零售户直接接触的稽查人员、送货员、营销人员的工作业绩考核，也可采取问卷调查的形式，广泛了解零售户的意见，从而掌握较为真实的工作情况，确保考核的公正公平性。

第七章

制度可以严格化，但别把员工当机器

BIERANG
ZHIDU HUILE
NIDE TUANDUI

1 制度是死的，人是活的

曾在报纸上看到这样一则小报道：

部分银行对柜台取款做了限制，顾客取款金额小于5000元，柜台不办理，必须自己去ATM机上取款。这一规定让有些老年顾客犯难了，因为他们不会用ATM机取款，怎么办呢？有一位老年顾客想了一个办法，他拿着银行卡到柜台取了6000元，然后再存5000元，这一做法轻松绕过了银行的规定。

我们赞扬这位顾客的聪明与灵活之余，不由得为银行的死规定感到可悲，与其说是顾客嘲弄了银行的死规定，不如说是银行用自己的愚蠢规定嘲弄了自己。

不可否认，银行的制度出发点是好的，可以减轻柜台压力，但作为一种制度，应考虑周全，比如，有些顾客确实不会使用ATM机，或有时候ATM机会出现故障，这个时候顾客该怎么取钱呢？这一案例提醒了企业管理者，在制定制度的时候，一定要把脑子放灵活一点，千万不能死板地坚持错误的东西，否则，只会逼员工想办法钻制度的空子，很容易压抑员工的积极性。

公司的制度是人制定的，而人的思维和视野会受到很多因素的制约，难免会有考虑不周的时候。因此，制定的制度就难免存在漏洞。这个时候该怎么办呢？是死板地执行制度，并美其名曰“按制度办事”？还是听取员工的意见和建议，不断地补充和完善制度，必要的时候放弃错误的制度，采取合情合理的人性化管理方式呢？答案不言自明。

当然，如果制度本身没有任何问题，那么当员工违反制度时，管理者理所当然地按制度处理。但是要注意的是，制度是死的，人是活的，在执行制度的时候，管理者还需照顾员工的感受，尽可能地配合以情感人的管理手段，让员工心服口服地接受处罚。

西洛斯·梅考克是世界第一部收割机的发明者，也是美国国际农机商公司的创始人，被人称为“企业界的全才”。在他几十年的企业生涯中，他历经几次起落沧桑，但最后他都以超人的素质昂首挺过来。

作为公司的老板，梅考克手握大权，但他从不滥用。即使员工违反了公司的制度，他也能在严格处罚员工的同时，设身处地地为员工着想。这种做法既维护了制度的威信，又不伤害员工的感情，十分高明。

有一次，一位老员工酗酒闹事，迟到早退，违反了公司的相关规定，应当受到开除的处分。当管理人员将这一处罚决定递交给梅考克时，梅考克当即表示赞同。但这一处罚决定公布之后，那位老员工十分恼火，他说：“当年公司债务累累时，我不离不弃，三个月拿不到工资我也毫无怨言，今天我犯了点错误，你就把我开除，你真是一点情分都不讲。”

梅考克平静地说：“这里是公司，是有规矩的地方，不能有任何例外。”事后梅考克了解到，这名老员工之所以酗酒闹事，与他妻子刚刚离世有关。妻子离世后，他带着两个孩子，一个孩子跌断了一条腿，一个孩子因吃不到奶水而啼哭，他极度痛苦，于是借酒消愁，结果耽误了上班。于是，梅考克对老员工说：“你现在什么也不用想，赶紧回去及照顾好孩子们，我们依然是朋友。”说完，他掏出一沓钞票塞到老员工的手里，对方顿时感动得流下了眼泪。

当员工以为梅考克会撤销开除他的决定时，梅考克强调了自己的原则，他表示不想破坏制度，这也赢得了员工的认同。

严格地说，管理的最终目的不是管人，而是“安人”。既然是安人，就要让人心服口服，没有怨言和不满。执行制度虽然很重要，但是制度之外的事情，影响也非常大。因为人是感情动物，顾及员工的感情是管理者必须做到的。

当员工违反制度，面临严重的处罚时，管理者别忘了给员工精神安慰。当员工生活中有困难，即使他违反了公司制度，管理者也不能坐视不管。如果管理者能够像梅考克那样，既能坚持按制度办事，又能灵活地处理与员工的关系，尤其是与员工保持良好的情感联系，那么就很容易让员工信服。

2 适度的人情，是管理的“润滑剂”

中国自古以来，都很注重宗族，这就决定了中国是一个人情化的社会，而不是一个理性的社会。古诗有云：“至诚而不动者，未之有也；不诚，未有能动者也。”这句话的意思是说，我以至诚之心来对待他人，却无法打动他人的心，那是不可能的；对待他人不是以至诚之心，那么，任何人都打动不了。换句话说，就是“我以诚心待人，人必以诚心待我”的观念，这是儒家的处世观点。

这句话所阐明的观点，在社会中的任何方面都可以体现出来。当然，这也同样适应企业。一个老板，在工作当中，不管对员工还是对合作伙伴、竞争对手，只有表现出绝对的诚意和真心，才可以感动对方。这样，才能在领导工作中，减少一些摩擦，使工作进展顺利。

对于员工来说，最重要的就是让他感觉到：自己是被需要的，是被看重的，是有价值的，而这就体现在老板对人情的用法上。老板要在必要的时候，注意表现出对他的器重、赞赏，并且适度地进行奖赏。要让员工意识到，老板并没有忽略他的存在。

在对员工委以重任的时候，一定要表现出绝对的诚意，要让他明白，老板非常器重他，这个工作是非他莫属的，除了他，没人可以胜任。当老板表现出绝对的诚意之后，他一定会赴汤蹈火，全力以赴，去尽全力把事情做好。哪怕工作难度很大，任务量很重，他也一定不会推脱的。对于老板来说，你只是需要在人情上花费一点时间，但却可以得到员工无限的回报。

海尔公司的一个部门经理，在研制一个新产品时，曾录用了一位颇有干劲的年轻人。这位年轻人一接到任务，便马不停蹄地干了起来，在工作最紧张的时候，他一连几天不睡觉，埋头苦干。当这个任务完成之后，他累得病倒在床上，经理深受感动，在病床上拉着年轻人的手说："要是你再不改变一下你的工作方式，我就要停止这个新产品开发工作了，我宁愿不要这个新产品，也不能看着你这样糟蹋自己的身体。"听了经理的一席话，年轻人非常感动，并下定决心以后要更加努力地工作，回报经理。

经过此次事件，这位年轻人之后便不会把工作当成获取报酬的手段，而是当成自己的事业，因为从这件事情上他意识到：老板，并不是只关心工作，还关心他的生活、他的健康。

可见，适度的人情，可以激发员工的动力，这并不需要多少金钱与时间，只是需要你的一点诚意与关心而已。

3 在软与硬之间找到管理的发力点

在现代企业的管理中，制度非常重要。制度面前人人平等，管理者必须以强硬的态度执行企业制度，严明公正、不徇私情。然而，企业制度不能成为管理者对员工冷漠的借口。员工也是有七情六欲的人，需要理解和关心。所以，管理者在企业管理中，要软硬兼施，在软和硬之间找到发力点。

过于强硬的管理者，会让员工觉得他头角峥嵘、浑身是刺。强硬到一定程度，管理者就会激起众怒，信任就无从谈起。管理者事事把人情放在第一位，会让员工觉得他软弱可欺，威严就更无从谈起。生活是复杂的，人心也是复杂多变的。管理者在应对复杂多变的管理工作时，必须灵活处理。该惩罚时绝不姑息，该宽容时也不能不近人情。

为中小企业提供管理软件的易科集团就非常主张管理者的“管理艺术”。易科亚太区总裁曹毅明认为，好的业绩是充分发挥员工积极性的结果。对于公司员工，他既大胆放权，又非常讲求原则。中国区总经理周晓玲就是他用这种方法培养出来的，周晓玲又用这种方法来培养自己的下属。有一次，一位销售人员因为个人失误做砸了一笔生意，按公司规定应该接受惩罚。周晓认为员工的一次失败是可以原谅的，便说：“不怕你丢了潜在客户、做砸了一个单子。给你三个月的时间，如果你能找到自己失败的原因并且改正过来，这件事就当没有发生。”这个员工后来成了易科中国区的销售骨干力量。

凡事“过犹不及”，无论惩罚还是宽恕，都有一个“度”的问题。把握好这个度，就能做一个成功的企业家。“人情”是个温情脉脉的名词，但如果运用不当，则会把企业送上“断头台”。倘若管理者心肠硬得堪比钢铁，丝毫不讲“人情”，员工在他眼中就成了创造价值的机器。倘若管理者不分场合、随意地施舍人情，公司制度的权威就无法维护下去。

在现代管理中，软和硬是相辅相成、关系密切的两种手段。如果有所偏倚，就会给工作带来危害。成功的管理者既有人情味，又有魄力，不会给人造成软弱可欺的假象，也不会让人觉得他是冷血动物。学会在软和硬之间找到管理的发力点，针对不同情况随机应变，公司就能快速、高效地运转下去。

4 柔性管理是人本管理的核心

所谓“柔性管理”，是指以“人性化”为标志，对员工进行人性化管理的管理模式。“柔性管理”相对于“刚性管理”而提出来的，刚性管理是以规章制度为中心，用制度约束员工，而柔性管理是以人为中心，从内心深处来激发每个员工的内在潜力、主动性和创造性，使员工心情舒畅、不遗余力地为企业贡献力量。

在我国历史上，汉光武帝刘秀成功践行了柔性管理理念。西汉末年，王莽篡政、残虐天下，在民不聊生、群雄并起的乱世危局中，刘秀靠着自己卓越的领导才能，不断壮大自己的实力，最后推翻了王莽，清除了封建割据势力，完成了统一大业。在此基础上，他建立了安定的社会秩序，使百姓安居乐业，国家繁荣富强，史称“光武中兴”。

刘秀认为，在管理中应该以柔克刚，即对人要仁德宽厚、广施恩泽，表达厚爱。对待下属，应该宽容豁达；对待百姓，要以仁爱为本；对待功臣，要高秩厚礼。刘秀还总结道：“吾理天下，亦欲以柔道行之。”从现代科学管理的角度来看，刘秀真正实践了柔性管理。

日本“经营之神”松下幸之助也非常重视采用柔性管理策略，有一个例子就是很好的证明。有一次，他在餐厅招待客人，一行六个人都点了牛排。当大家吃完牛排时，松下幸之助让助理把餐厅烹调牛排的主厨叫过来，并强调：“不要找经理，找主厨。”

主厨见到松下幸之助后，显得有些紧张，因为他知道客人来头很大。没想到，松下幸之助对主厨说：“你烹调的牛排，真的很好吃，你是位非常出色的厨师，但是我已经80岁了，胃口大不如前。”

大家听松下幸之助这样说，都觉得很困惑，他们不知道松下幸之助到底想说什么，过了一会儿他们才明白，松下幸之助说："我把你叫来，是想告诉你，当你看到我只吃了一半的牛排被送回厨房时，不要难过，因为那不是你的问题。"

试问，如果你是那位主厨，你听到松下幸之助说的那番话后，会是什么感受？你会不会觉得备受尊重呢？而一旁的客人听到松下幸之助如此尊重他人，更加佩服松下幸之助的人格，更愿意与他做生意了。

松下幸之助曾说过，当公司只有一百人时，他必须站在员工的最前面，以命令的口气，指挥部属工作；当公司的员工达到一千人时，他必须站在员工的中间，诚恳地请求员工鼎力相助；当公司的员工达到一万人时，他只需要站在员工的后面，心存感激就可以了；当公司的员工达到五万或十万人时，他除了心存感激，还必须双手合十，以拜佛的虔诚之心来领导大家。

从松下幸之助的话中，我们看到了柔性管理对企业发展的重要性。真正懂得真情关怀部属感受的领导是英明的，因为这样可以完全捕获部属的心，并让部属心甘情愿为他们赴汤蹈火。因为对别人的关心和善意，比任何礼物都能产生更好的效果。

5　要允许下属犯"合理"的错误

豁达、开放、包容的胸襟，是所有管理者必须具备的要素。所谓"海纳百川，有容乃大"，"居上不宽"是管理者的致命伤。能够包容员工犯合理性错误的管理者，容易在员工中建立起威望，赢得员工的拥戴。学会善待员工，是管理者走向成功的第一步。

“金无足赤，人无完人”，员工的行为也不可能永远都是正确的，所以，出现错误应该得到理解。犯错对于当事人来说，是一件令人沮丧的事。倘若管理者不予以理解，无疑是雪上加霜。如果犯错者吸取教训成长起来，公司将收获一大笔财富。

在企业里，员工犯错误并不可怕，可怕的是一再犯同样的错误。“事不过三”，重复犯错误的员工应当接受适当的处罚。任何员工都不可能没有缺点，都会以各种各样的形式触犯公司制度。聪明的管理者能够辨证客观地对待犯错的员工，恰如其分地把握时机，在不断的批评教育中让员工扬长避短，迅速锻炼成长。

德国的西门子公司，在处理员工错误的问题上就做得十分出色。西门子公司的员工都有充分施展才华的机会，表现得出色的员工很快就能得到提升。优秀员工可以根据自己的能力和志向，设定自己的发展轨迹，一级一级地向上发展。那些不能胜任工作的员工，西门子公司也不会放弃他们，会为他们提供提升自我的机会。实在不行，就尽可能换一个岗位，让他们试一试。许多不称职的员工通过调整，都能找到合适位置，创造出色的业绩。西门子公司的这种做法充分挖掘了员工的潜力，为员工提供成长的机会，也为公司留住了大批人才。

有些员工个性张扬、锋芒毕露，在管理者面前不能谦虚谨慎，时有出言不逊。管理者对此也要善于包容。因为这些员工往往工作能力很强，为其提供充分的发展条件和发展空间，才能使其价值完全显现。激烈的市场竞争需要员工勇于开拓。没有前人引路，摸索前进很容易出现错误。对于员工创新过程中出现的错误，管理者要给予支持，激励他们做出更大的努力，为企业的跨越式发展寻找契机。

求全责备是管理者的大忌。这样的管理者，往往记住的只是员工所犯的错误，把员工的长处忘得一干二净。他们的眼里没有优秀的员工，只有需要接受处罚的员工。这样，只会埋没人才，降低员工的积极性。所以，一个优秀的管理者，必须做到“用人所长，容人所短”。

6 对下属要讲原则更要讲人情味

在企业管理中，有些管理者按原则办事，却显得没有人情味。有些管理者表现得很有人情味，却放弃了很多原则，使企业内部失去了规矩。如何才能做到既讲原则，又不失人情味呢？这是每一位管理者都应该去思考的课题。

西洛斯·梅考克是美国国际农机公司创始人，也是世界第一部收割机的发明者，被称为“企业界的全才”。在几十年的经营生涯中，虽几经起落，历经沧桑，但他总能凭借过人的能力，在遭遇挫折之后赢得成功。

在管理公司方面，他有着左右员工命运的权力，但他从来不滥用职权。相反，他懂得为员工着想，既坚持用制度管理公司，又不伤员工的感情。

有一次，公司一位老员工违反了工作制度——酗酒闹事，迟到早退。按照公司的管理制度，他应该受到开除的处分。当管理人员做出这一决定之后，梅考克很快就批准了。

决定公布之后，那位老员工火冒三丈，大叫委屈，他对梅考克说：“公司当年债务累累时，我不离不弃，三个月没发工资，我毫无怨言，今天我犯了一点错误，你就开除我，真的是一点情义都不讲啊！”

梅考克平静地听完老员工的诉说，答道：“这里是公司，公司就要讲规矩，谁都没有例外。”

随后，梅考克了解到那位老员工之所以酗酒闹事、迟到早退，是因为他的妻子去世了，他不得不照顾两个孩子，而其中一个孩子跌断了一条腿，另一个因吃不到母乳整天哭个不停。老员工心烦意乱，极度痛苦，于是借酒消愁，结果耽误了上班。

得知这一情况之后，梅考克懊恼不已，他立即安慰老员工：“你现在什么也不要想，赶紧在家照顾孩子。你不是把我当朋友吗？请你放心，我不会让你走上绝路的。”说着，他从口袋里掏出一沓钞票塞给了老员工，并嘱咐道：“回去安心照顾孩子吧，不用担心你的工作。”

听了梅考克的话后，老员工喜出望外：“你想撤销开除我的命令吗？”

没想到梅考克说：“不，我不希望破坏制度，我相信你也不希望我破坏制度，对吗？”后来，梅考克让这个老员工在他的一家农场当管家，并给他更高的薪酬。

梅考克在处理老员工违反制度的事件时，既坚持了按原则办事，又充分表现了自己的人情味，这是非常可贵的。作为一名管理者，你也应该学会处理这种两难事件。在平时工作中，要注重人情味，给员工家庭般的温暖，以抚慰员工的心灵。

不过，当员工违反了制度时，必须坚持按原则办事，按制度行事，这样才能服众，才能维护制度的威严。当然，在按制度规定处理员工之后，可以根据实际情况，给员工一些安慰或帮助，以抚慰员工受伤的心，让他知道你处理他并非针对他，而是针对他所犯的错。

7 管得过严会压抑员工的积极性

我们先来看一个管理案例：

有一个企业，制定了一本20万字的《制度行动指南》，里面对各方面的制度都有细致的规定，这些几乎覆盖了员工的所有活动，大到工作流程，小到衣食住行，应有尽有。比方说发票制度，制度里规定：每一张发票在报销的售后，都要注明时间、地点、报销原因，如果员工去见客户了，报销费用的时候还要写明去哪里、坐什么车去的、见了谁等等，还有人专门检查。

制度很详尽，老板也非常细致。每次他分派工作时，都会做到事无巨细地指示。比如，让员工布置会议室，他会告诉员工放多少把椅子，买多少茶叶、水果，会标写多大的字，找谁写，用什么纸，等等。一开始员工尚能接受，但时间一长，大家都觉得非常烦恼。因为老板经常在耳边喋喋不休，管得太细、太严，让大家感觉没有一丁点自由和权力。

制度里规定得太死，老板管得太严，员工的积极性和创造性就很难发挥。时间久了，员工的主动意识就会消失，什么事情都坐等老板的安排，老板不安排，他们也懒得思考怎么做。这样一来，员工还怎么把工作做好呢?

还有一个更加耸人听闻的故事：一家公司规定，员工上班期间上厕所必须请示领导，领导要登记，批准之后员工才能去。而且每次上厕所，还有时间限制。公司这样做的出发点是监督员工上班效率，避免员工借上厕所偷懒、耗时间。结果呢？员工的精神崩溃了，纷纷离职。

员工不是机器，不可能什么都按程序来做。管理制度如果太细，管理如果太严，超出了员工承受的限度，不但会造成管理成本过高，还会直接导致管理低效无用。事实上，员工具有能动性，具有思考力，一项工作该怎么做，他们有大概的认识。管理者如果真怕员工不会做，可以适当给员工指导一下，告诉他要注意什么。如果管理者做到这些还不放心，那么干脆别把这项工作交给这位员工，还是换一个更能胜任这项工作的员工吧！

一位心理学家曾经说过：“对创造者来说，最好的刺激是自由——有权决定做什么和怎么做。”如果你希望每个员工都变成创造者，充分释放自己的思想智慧和才华，那么你就不要用过于精细的制度、过于严格的管理锁住员工的创造力。

8 解决员工的后顾之忧，与员工同甘共苦

一个合格的管理者必须清楚员工为什么工作，尽管我们周围不乏“不差钱”的富二代，但绝大多数人不过是普通人，努力工作，就是为了养家糊口。要想让他们死心塌地跟着你混饭吃，先得解决他们的生存问题，只有免除了他们的后顾之忧，才能赢得他们的真心追随，从而建立起一个紧密团结、唯领导马首是瞻的队伍。

每个企业的领导者都想干几件惊天动地的大事，显而易见光靠领导的一己之力是远远不够的，还需要得力下属出力、卖命，那么他们又凭什么竭尽全力地为领导者打天下呢？领导者要想驱使员工，就必须在物质上毫不吝啬，给予员工相应的回报。然而人是极其复杂的动物，单靠金钱物质是收买不了人心的，更换不来下属的忠诚，明智的领导者懂得与大家同甘共苦，这正是他们深受员工拥戴的根本原因。

在现实社会中，很多企业家能和员工共苦，却不能同甘，实际上这种做法是极其愚蠢的，作为在商界颇有名气的管理者，苏宁老总张近东对“财散则人聚，财聚则人散”的道理有着十分深刻的切身体会。

张近东深知能和员工同甘的领导才是一个好领导，随着苏宁的发展壮大，他的身价也是不断攀升，但他并没有忘了那些和自己一起打江山的“功臣”。张近东毫不吝啬地拿出一部分股权用于奖励那些有突出贡献的员工。他曾先后将股权分配给南京总部的数名高管，为了稳定各地分公司的管理团队，他还制定了十分具有诱惑力的特别奖励制度，只要分公司的高管表现突出，就有机会获得一定比例的分公司股份。

这种奖励措施把遍布全国各地的苏宁分公司管理层紧密地团结在张

近东身边，和员工共享企业发展成果的做法，不仅打消了管理者担心被“辞退”的后顾之忧，还有效地减少了人才“跳槽”现象的发生。

张近东对待员工的这种慷慨举动，大大强化了各地高管对苏宁的归属感和主人翁意识，“同甘”的政策将众多的“职业经理人”一举变成了“事业经理人”，他们的工作积极性也得到了前所未有的调动。

对于管理者来说，与员工共患难并不是一件困难的事，因为当企业面临外交内困之际，共渡难关是唯一的出路。危难过后苦尽甘来，千万不要忘记那些为你打江山的功臣。为了蝇头小利而“卸磨杀驴”“过河拆桥”是极其愚蠢的行为，不仅会丢掉大批人才，还会让员工凉了心，没了得力下属的拥戴与支持，职位再高也只能成为光杆司令。

9 过分挑剔下属的毛病，只会招来反感

每个管理者都希望员工在工作中发挥自己所有的优势，把工作做到极致，这种期望是应该的，员工也会因为领导这样的期望而感到受重视和被信任。但是，聪明的管理者不会把自己对员工的过高期望表现出来，因为期望太高会给员工带来压力，一旦员工没把工作做好或做得不够好，管理者就很容易去挑剔员工，这样又很容易招致员工的反感。最后，员工的积极性被打击了，管理者对员工的信任也会下降，这可不是管理者想要的结果。

高先生是一家企业的经理，他在工作上颇有建树，这对仅有高中学历的他来说，是一种非常自豪的事情，而他将此归结于对自己的严格要求。在管理中，他把这种严谨、严格发挥得淋漓尽致，主要表现在他对下属期望很高，要求相当严格，近乎到了一种“鸡蛋里挑骨头”的程度。

在日常管理上，高先生要求下属上班时间不许擅自离开座位，更不

能做与工作无关的事情。如果有谁接个电话，发个信息，或同事之间闲聊几句，一旦被他发现，他就会严厉地批评。

另外，他还要求员工保持敬业的态度，下班之后如果谁立即收拾东西走人，他就会看不惯，就会挑剔他，说他不敬业。在他的管理下，不少员工养成了“早到晚退”的工作习惯，每天无偿加班1个小时，即使没什么事情可做，也要在公司待着，这让员工感到很不自在。

还有一点，高先生对员工的工作要求相当高。举个例子，假如员工做了一个策划，他会来回让员工将策划修改不下10遍，而修改的地方大多是细枝末节，这种挑剔的毛病让员工感到身心疲惫，自信心和积极性严重受挫。

高先生的例子并不是个案，现实中，类似的管理者并不少，他们认为自己之所以成功，是因为对自己要求严格。于是，在管理中，他们处处对员工施以高标准、严要求，以为这样能促使员工变得更加出色。殊不知，这样往往适得其反，会严重压抑员工的积极性。

聪明的管理者应该知道，不同的员工有不同的才能，有不同的个性，有不同的工作习惯，只要他们能够做好工作，能够遵守公司的制度，其他方面的细枝末节，完全可以忽略不计。这要求管理者调整对员工的期望，给员工合理的要求，合理的任务，对员工宽严结合，同时结合有效的激励措施，才能使员工的潜能在自由的空间中最大化地释放。

10 让员工轻装上阵，“心理减负”很重要

有时候，我们距离目的地只不过三两步，但偏偏有些人心事过重，步步都走得艰辛，而这正是不少企业员工工作当中的真实写照。如果管

理者没能充分考虑到员工的心理负担，只是一味地督促对方努力工作，显然是起不到多大作用的。担心年纪大了以后的养老问题，忧虑孩子上学择校的事情，害怕生大病没钱去医院……每个员工都有很多需要忧虑的事情，巨大的心理压力，使得他们的工作效率也随之降低。

企业管理者要想提高员工的工作效率，就要让他们轻装上阵，只有帮助员工解决掉那些令他们忧虑的问题，才能让他们心无旁骛地专心工作。当然，这只是心理减负不可或缺的举措，此外，还要增加对员工的感情投资，平时多关心员工，尽可能地帮助他们解决一些私人问题，这对减轻他们的心理负担也是有好处的。

日本麦当劳的社长藤田田在《我是最会赚钱的人物》中谈到：如果要问世界上什么投资的回报率最高，我相信感情投资的花费最少，其回报率一定最高。

为了减轻员工们的心理负担，一家大型跨国企业的人事经理采取了一系列行之有效的“温情”措施。首先，该经理每年都会支付巨资给医院，作为保留一定数量病床的基金，不管是员工还是员工家属，一旦生病或出现意外，不用等病床，立即就能够住院接受治疗，这种做法不仅大大缓解了员工的精神压力，而且也保证了他们的工作精力。

此外，该经理处处为员工着想，专门把员工的生日定为个人休息日，这样一来，每位员工都能在生日当天与家人一起庆祝，精神上得到了放松，第二天上班自然也会精力充沛。对员工进行感情投资，不仅有助于改善员工工作麻木、糊弄的状况，还能提高整个团队的工作效率。

作为企业管理者，我们有责任为员工减轻心理负担，但一个人的精力往往有限，很难面面俱到，更无法事无巨细地关注每位员工的一点一滴。要想让员工轻装上阵，就必须要借助正确而巧妙的方法。

在员工遇到困难的时候，不妨雪中送炭伸手帮一把，这不仅能让他们从沉重的心理负担下解脱出来，还能让他们心生感激，从而更加衷心地为你效力。

11 人事安排合理，一加一就会大于二

谈到企业中的人事安排，皮尔·卡丹先生曾直言不讳地说：“用人上一加一不等于二，搞不好等于零。如果用人中组合不适当，会减弱整体的优势，安排得宜，才能成最佳配置。”很多企业并不缺人才，但管理者如果不能把这些人才有效地组合起来，那么，即使是精英也会失掉原本的价值。

一个员工只有放到与之相匹配的团队中，才能释放出他所具有的能量。如果管理者不能对团队进行最佳配置，反而会阻碍那些优秀的人去实现自身的价值，不仅能力会受到制约，团队的竞争力还会减弱。所以，管理者在组建、管理团队的过程中，一定要合理地安排好人员构成，争取实现一加一大于二的组合效果。

杰克就职于一家资产300万左右的小公司，该公司主要从事“液体香皂”的生产和销售，尽管该公司的产品已经占据了当地市场，生存也基本没有多大问题，但为了扩大市场份额，该公司高层经过反复讨论协商后，决定组建一个洗化用品研发小组，并将此项任务全权交给杰克。

作为项目负责人，杰克先是进行了人员招聘，并引进了一批洗化产品专业人才。尽管该公司招聘的人员都是精英，但工作效率却一点也不高。俗话说：“一山不容二虎”，原来杰克将两个专业能力强、极有野心的人安排到了一起，于是，两个人明里暗里相互较劲，其心思根本没有放到研发上。

为了改变这种状况，杰克对人事安排进行了调整，将原来的一个工作小组分成两个研发小组，两人分别担任两个小组的负责人，在团队管

理的制度上，采取两个小组相互竞争的考核制度，胜出的小组不仅有丰厚的奖金，还有升职的机会。

参加研发的还是那些人，只是人事安排却进行了重新组合，但工作效率却发生了翻天覆地的变化。原来都没有一点眉目的研发工作，在人事调整之后，仅用了五个月时间就完成了，前后的工作效率可谓是一个地下，一个天上。

通过这则实例，也不难看出不同人事安排所产生的不同结果。每个企业都有“孙悟空式”的人才，本事大脾气也大，如果把两个“孙悟空”安排到一个团队里去“取经”，那么，必然会发生内讧，从而产生一加一等于零的尴尬局面。相反，一个天才式的“孙悟空”，一个需要督促监督的“猪八戒”，一个任劳任怨的“沙僧”，如果这三类人组成一个团队，则能够相互协作，实现一加一大于二的组合效果。

12 时间无情人有情，加班宜少不宜多

没有员工喜欢无休无止的加班，但出于企业正常运转的需求，管理者又不得不要求员工加班。在现实生活中，领导在下班前的一句“今天加班”，往往会把大家的好心情一下子击得粉碎，实际上，这种不情不愿的加班，基本没什么工作效率。不管是出于员工情绪的考虑，还是为了保证大家高效的工作状态，都不宜加班过多。

人的精力都是有限的，长时间加班不仅会影响到员工的家庭生活，还会致使其工作效率低下，甚至引发正常上班时间不工作，反而依赖加班来骗取高额工资等不正常现象。所以，管理者必须严格控制加班时间。

老孟是北京一家大型公司的经理，虽然公司实行的是 8 小时工作制，

但由于公司业务繁忙，加班基本上是家常便饭，尽管公司给予每位加班员工高额的工资补助，但长期的加班依然还是引起了一系列负面影响。

几乎每个加过班的员工，在第二天上班时都有迟到记录，按照公司规定，迟到一次罚款50元，到头来辛辛苦苦加班赚的补助，就这样转手又交了罚款，因此大家意见很大。甚至有一小部分员工直接拒绝加班，这令身为经理的老孟十分为难。

思前想后，老孟最终想出了一个绝妙对策。他成立了一个紧急事物绿色通道小组，该小组由三名做事干净利索的员工组成，三人原来的工作任务则分摊到其他二十名员工身上，实行弹性工作制，只要完成工作即可下班。所有需要紧急加班的工作则由三人全权负责，同样实行弹性工作制，什么时候完成什么时候下班，也可以带回家完成。

三个人的工作分摊到二十名员工身上，基本不会给他们增加太大的工作负担，却免去了他们长时间加班的烦恼。而往常需要加班的工作则由三人在正常上班时间处理，只要保证工作效率，也可以做到不加班。如此一来，大家皆大欢喜，关于加班的抱怨没有了，工作效率也有所提高。

偶尔一次加班可以刺激下属的工作效率，但长时间加班却会打击他们的情绪，所以加班宜少不宜多。然而，管理者面对超额的工作量时，又不得不加大员工的工作量，在这种情况下，不妨采用弹性工作制，不仅能避免长期加班对员工情绪的影响，还能变相督促员工，保证工作效率，可谓一举两得。

员工不是奴隶，职位再高也不能强制他们加班，否则，只会令员工心灰意冷，最终选择离开。工作无情人有情，如果管理者能够在职权范围内尽量减少加班次数，在加班的时候尽可能贴心地为员工准备晚餐以及临时住所等，则能轻而易举地赢得大家的支持。

13 管理无法触及的地方可以靠企业文化解决

尽管我们不断强调用制度管理企业、管理员工，但是我们也要明白，制度不可能100%堵住企业的所有漏洞，也不可能解决企业存在的所有问题。因此，制度要与企业文化相结合，换个角度讲，制度的实施离不开企业文化的基础或支柱。一旦离开了企业文化的指导，一旦制度与企业文化不相符，制度必然会成为空中楼阁，成为短命的制度，或者效果不好，而且还会有损企业文化的建设。

举例来说，每一位管理者都希望自己的团队充满凝聚力，但是要想打造充满凝聚力的团队，单靠制度能做到吗？答案是否定的。多少企业在严格的制度管理下，员工不但没有凝聚在一起，反而人心涣散；多少公司在严格的制度管理下，竞争力没有增强，反而导致员工积极性不高。其实，对于这种靠制度无法解决的问题，可以用企业文化去解决。

美国国家罐头食品有限公司是世界第三大罐头食品有限公司，公司的总裁弗兰克·康塞汀是一位深受员工敬重的领导。弗兰克·康塞汀之所以深得民心，关键在于他倡导“以公司为家”的企业文化，公司充满了家庭气息，有郊外野餐，还有抒情音乐陪伴员工工作。

有一年，公司在俄克拉荷马的分厂发出招聘信息，打算招聘100个员工时，短短几天内，他们居然收到了2000份应聘简历。单从应聘者的数量来看，我们就可以知道该公司有多大的吸引力。

康塞汀在管理中懂得给员工认可感、满足感，并以此培养员工的归属感，他认为这比单纯给员工报酬好得多。当公司在亚利桑那州的菲尼克斯工厂取得了卓著的成绩后，公司搭起了一个露天马戏场，让员工在工作之余，尽情地玩乐。在马戏场建起的那天，94 名工人一天生产了 100 万个罐头。也就是那一天，马戏团成了欢乐的海洋。而三年之后，工人们每天生产的罐头产量接近 200 万个。

随着公司不断壮大，康塞汀非常高兴，但他也表示非常难过，因为他没有时间与员工面对面交谈，这意味着不能给员工零距离的激励。于是，他经常对下面的管理人员说："无论多忙，都应该好好考虑员工的想法，要尊重和信任员工，要把大家当成兄弟姐妹一样来对待。"正是在这种企业文化的影响下，公司才能够茁壮成长。

企业文化是企业的精神食粮，也是员工的精神指导，它能深深地影响员工的思想，影响员工的行为，并使员工尽可能向企业目标靠拢。在马斯洛的"需求层次"理论中，自我实现是人的最高需求。当员工的这种需求得到满足之后，那么员工奖获得无限的激励，并会对企业产生强烈的荣誉感和归属感，员工会为自己是企业的一员感到自豪，并且觉得为企业的发展而服务是一种快乐。

所以，重视企业文化建设，努力创造人性化的企业文化，是最大化激励员工潜能，打造公司凝聚力的重要保障。例如，索尼公司的所有管理者都没有独立的办公室，这样做是为了消除管理者与员工之间的隔阂，使大家融为一体，平等相待，同时也便于沟通和协作。在这种平等的企业文化中，索尼公司几十年以来，一直保持着旺盛的生命力。可见，良好的企业文化是企业发展的原动力。

第八章

制度设置要严谨，切忌朝令夕改

BIERANG
ZHIDU HUILE
NIDE TUANDUI

1　制度朝令夕改，员工就会找不着北

在企业管理中，有一种管理者经常令员工们苦不堪言。他们出台规定，朝令夕改，今天这样规定，明天那样调整，整来整去，整得员工不知所云。结果，员工怎么做也不符合他们的要求，员工感到非常受打击。

有个年轻人在一家公司担任经理助理一职，但是他工作得很不开心。理由是，他很怕见到老板，不知道怎么工作是对的。他说，老板经常不停地改变想法，出台各种规章制度，让他无所适从。老板经常说的话是“你这样做不行”“你把那个通知追回来”“准备修改一下原来的方案”等等。

还有一家规模不小的公司，在管理上也出现了朝令夕改的问题。公司一切都看老板娘的心情，老板娘今天开心，出台一项福利制度；可是明天却予以否认，或说忘记了，或说昨天出台的制度没有细想，还要具体思考一下。然而，当你没有按照制度执行时，她却突然间想起某项制度，大声质问你的不对。

曾经有一次，公司要出台员工绩效考核制度，但是这项制度前前后后改了五六次，到最后还是没有确定。或许是因为这些原因，公司的员工频繁流动，今天招来 30 名员工，一个星期后，可以炒掉 29 名员工。

管理者在出台制度、下达命令时朝令夕改，会让员工摸不着头脑，无法应对工作，整天忙着收拾残局。在这样的企业员工不可能快乐，因为他们工作起来没有积极性，没有成就感。这样的企业也是没有希望的，

因为它缺乏向心力和凝聚力，管理者彻底失去了员工的信任。所以，企业管理者要认识到朝令夕改的危害性，改变这种不良的管理习惯。

在制定制度时，管理者要考虑到客观情况的变化，要前瞻性、全局性地看待实际情况。尽可能制定多种制度方案，慎重地从中选出最佳的一个方案，以保证制度经得起客观实际的考验，即使遇到一些突发性事件，也不至于大幅度地调整制度。

制定制度是为了真正能够解决实际问题，如果制度对解决实际问题没有任何帮助，比如制度空洞无物、过于抽象，让人无所适从，或者制度要求过于严格、目标太高，让人无法达到等，这样的制度都是没有意义的制度。因此，在制定制度时，要从实际出发，结合企业的具体目标，站在全局的高度，把握制度的具体性和可行性。

有些企业花了很长时间制定了详细的制度，但就是执行不下去。为什么呢？这与制度缺乏民主性和人性化有很大的关系。要知道，如果只有生硬的制度，却没有体现出人性化，员工没有明确制度出台的动机和细则，往往会产生排斥和不认同的心理。因此，在制定制度前期，应多与员工交流，听取员工的意见，并在制度中附上明确的考核体系和奖惩标准，这样的制度才会产生约束力和激励性，才容易被员工有效地贯彻执行。

2 制度设置要抓重点，要简洁、明确

不少公司的制度文本拿出来一大叠，厚得像一本书，翻开内文，细细一看，里面啰唆的内容一大堆。原本一句话可以说清楚的内容，硬生生地扩展成一段话，好像写得“丰满”就意味着制度完善，好像上面的

字越多，制度所反映的问题越全面。

其实，真正好的制度，并不是越复杂、条款越多越好，而是针对一定的问题，把该考虑到的方面考虑到，避免有些“坏”员工钻了制度的空子。与此同时，制度的表述应简洁、明确、言简意赅，让大家看得明白，容易执行。

说到容易执行，我们就不得不提制度的另一个极端，那就是过于简单，过于模糊笼统，没有具体的执行标准。举个例子：

某公司员工上班迟到现象屡见不鲜，有时候甚至过了9点，只有两三个员工准时坐在电脑前办公，多数员工没到公司。10分钟之后，那些迟到的员工手里提着早餐，三三两两、陆陆续续地来到公司，然后大家打开电脑、聊着天、吃着早餐、看着新闻，这么一折腾，时间差不多到了10点，原本3个小时的上班时间，仅剩2个小时。

有几次，领导到公司发现很多员工没来，于是意识到要解决这个问题。一天，他开会时宣布：“大家注意了，为提高工作效率，以后上班不要迟到。”就这么一句话管用吗？当然不管用，这句话说出来等于没说。因为这项规定没有监管的负责人，没有任何惩处措施。

果然，那些习惯了迟到的员工，除了在会议的第二天做了做样子早到之外，过后又和往常一样了，他们继续发扬着上班迟到的“工作作风”……

在这个案例中，领导者针对具体的问题——员工上班迟到频繁的现象，做了一个规定：“以后上班不要迟到了。”这个规定抓住了迟到问题，但是没有提出具体、明确的要求和处理措施，也没有指定具体的监管人，因此，这项规定流于形式，如风中的一团烟雾很快就烟消云散了。如果该规定明确指出，上班以后迟到多少分钟，要扣发多少钱；考勤制度由谁来具体负责监督实施等，那么效果就会大不一样了。

现实中，公司在制定制度的时候，发生这种舍本逐末、表述繁冗或过于笼统、不够明确的现象是非常普遍的。制度的出台，是为了让公司全体成员执行，如果制度条文太累赘，就会削弱制度的威信。比如，有一家纺织厂的《安全守则》中，有这样一条："公司厂区内不得放置可燃性或容易导致燃烧的器具。"这句话就不够简明，不易被人理解，其实这句话的意思就是——厂区之内，严禁烟火。

3 明确告诉员工制度的前因后果，让他明白该怎么做

在企业管理中，有一个常见的问题：企业制定了某项制度，员工却不乐意执行或执行不力。管理者感到不解，认为员工公然违反制度，是挑衅制度的威严，于是严厉地处罚员工。按理来说，员工不遵守制度，受到处罚是应该的，但是在没有搞清楚员工为何不遵守制度的情况下，贸然地处理员工，未免显得操之过急。

有一家公司的行政主管出台了一个规定：按照座位的顺序，大家轮流打扫公司的卫生，每个人值日一周，每周一、三、五这三天打扫卫生。然而，行政主管嘴上却说："女生可以不用打扫卫生。"但奇怪的是，在公告栏的值日表上，女生们的名字清楚地写在上面。

行政主管为什么规定女生不用打扫卫生呢？男同事们不得而知，大家私底下犯嘀咕：难道行政主管有意偏袒女同事？若真是这样，那就不公平了。女同事相对于男同事虽然弱势了一点，但不至于弱到不用打扫卫生。

这项制度出台之后，执行情况并不好，时常有同事"不值日"。当然，并非他们故意不值日，而是因为行政主管言行不一致，让大家感觉规则混乱了。他嘴上说女同事可以不值日，为什么又在公告栏的值日表中把女生排上呢？大家在轮流值日时，到底该跳过女生，还是应该把女

生算进去呢？

一个很简单的事情，因为一个糟糕的制度规定，导致事情变得复杂，导致公司卫生状况没有保障。由此可见，模糊的制度会降低员工的积极性，让大家的执行力变得低效。试问，如何才能避免案例中的问题呢？其实，最简单的做法是，在出台制度之前，明确地告诉员工制定这项制度的原因和动机，让员工明白该怎么去遵守。

回归到上面的案例，如果行政主管在出台制度之前，和大家进行简单的商议，向大家说明情况：之所以提议女生不值日，是因为值日的工程量“浩大”，女生体力有限，应付不过来。因此，出于照顾女生的考虑，不让她们值日。然后询问大家对此是否有异议？如果大家没有异议，那么在值日表中，就不应该将女同事排进去，以免男同事产生误解，认为女生应该按值日表上的规定去轮换值日。

如果大家有异议，要鼓励大家说出来，然后在民主协商的前提下修改这个制度，比如，为了公平起见，可以让两个女同事合为一个值日小组，和男同事进入轮换，这样很好地兼顾了公平原则与照顾女同事的原则。当行政主管做到这些时，可以说，他已经做得足够好了。这样既能让大家感受到尊重，又能让大家明白制度的前因后果，便于更好地执行到位。

4 制定制度不可墨守成规

每一项制度的出台，都是着眼于当时企业存在的问题。当该问题解决了，而新的问题出现时，原来的制度很可能就失去作用。因此，聪明的管理者应该不断调整制度，千万不可墨守成规。如果用几百年前的方法去管理现在的企业，那企业只能走向灭亡。

艾柯卡是美国著名的企业管理专家，当年他在福特公司担任总经理时，积极要求创新，大刀阔斧地改革企业制度，但由于福特公司的总裁小福特思想保守，墨守成规，两人在经营和管理的理念上存在不可调和的冲突，最终，艾柯卡离开福特公司。

福特公司在小福特保守思想的统治下，公司业绩在70年代末80年代初步步下滑，最后滑落到亏损的边缘。而艾柯卡离开福特公司之后，进入了克莱斯勒公司担任总裁。当时的克莱斯勒已经濒临破产，原因是管理者墨守成规。艾柯卡上任之后，大胆地改革了公司以往的制度，积极创新公司产品，在不到两年的时间内，将克莱斯勒从死亡边缘拉了回来，使其业绩一路飙升，很快就赶超了福特公司。

面对激烈的竞争环境，福特公司的管理者痛定思痛，奋起革新，推出了一套灵活的经营管理机制，这使公司恢复了往日的雄风，保住了自己的市场份额。

克莱斯勒与福特这两家公司的倒闭原因和成功转变，告诉我们一个道理：公司的管理者一定不能墨守成规，必须在管理制度和生产技术上不断更新换代，这样才能为公司构架成功的阶梯。

其实，管理企业有时候就像开汽车，管理者就是司机，在开车的时候必须小心地看着路面，当汽车处于上坡途中时，应该加大油门向前冲。当汽车处于下坡时，司机应该立即调整策略，改踩油门为踩刹车。如果司机不能根据路面情况改变驾驶策略，那么最终的结果很可能是车毁人亡。

管理就是这样，不同时期的企业情况不一样，管理者的心态也不一样，制度的作用也不一样。客观环境的不断变化必然要求管理者根据不同的情况，研究解决新问题的办法，做出管理制度上的调整。

当然了，不断调整管理制度，不断更新各项规章制度，这应该以企业实际情况为依据，切不可朝令夕改、毫无缘由地频繁撤换原有的制度，否则，企业管理就会走向另一个极端，对企业的发展也是极为不利的。

5 防微杜渐，把好“入口关”

菲利普·津巴多是美国斯坦福大学的一位心理学家，他因曾经做过一项著名的实验而被广为人知。实验是这样的：

他找来两辆一模一样的汽车，一辆停放在清洁的社区；一辆停在杂乱的街道上，而且将其车牌摘下来，再将车窗的玻璃打破。结果，这辆车在当天就被偷走了，而停在社区里的那辆汽车，一个星期了依然停在那里。后来，他用锤子把这辆车的玻璃敲破，结果，仅过了几个小时，它就不见了。

津巴多的实验告诉人们，如果有人打坏了窗户玻璃，而这扇窗户得不到及时的维修，别人就可能受到某些暗示性的纵容，而去打烂更多的窗户玻璃。时间一长，这些破窗户就会给人一种无序感。结果，在这种公众的麻木不仁中，犯罪就很容易滋生，这就是著名的“破窗理论”。

在企业管理中，破窗理论所揭示的现象也经常发生。比如，公司制定了一项制度，有一名员工没有遵守，但是他没有得到相应的处罚，结果，第二名员工、第三名员工、第四名员工也违反了该制度，也没有得到相应的处罚，到最后这项制度就失去了意义，公司陷入到一种无序中。

破窗理论对企业管理者来说，有很大的启示作用。一方面，管理者应该做到防微杜渐，让制度本身满足科学合理性，尽量让公司的每一项制度都接近完美。另一方面，当员工违反制度时，一定要严肃地处理。

这就如同发现窗户玻璃破了之后，立即修复玻璃一样。

当然，最重要的是，防微杜渐还需从源头做起，什么是源头呢？企业员工才是源头。如果企业管理者一开始就严把“入口关”，严格按企业招聘标准执行，尽可能选拔品德好的员工，那么后面的管理工作就会轻松许多。品德好的员工，其工作态度、自觉性以及对公司制度的遵守都会做得相对比较好，这样管理他们的时候，就会减少很多问题。

怎样才能招聘品德好的员工呢？微软公司项目主管莎依·彼得斯说：“我们寻找那些有潜力的人才，因此在面试过程中我们将应聘人员置于一种真实的工作情景中。”也就是说，借助模拟真实的工作情景组成评估小组，则可以挑选出最佳人才。

把人才招聘到公司之后，还要加强员工的素质培训。具体的培训内容，公司可以根据具体情况来定，但无论培训什么，有一点内容是不能少的，那就是给员工上一堂规章制度课，明确地告诉员工：“今后一定要遵守制度，照章办事，凡是违反制度的，公司绝不心慈手软。”员工听不听是他们自己的事，遵守不遵守公司的制度也是他们自己的事，但是一旦他们违反了制度，惩罚不惩罚则是公司管理者的事，管理者有这个权力。做到了这点，才能防微杜渐。

6 制定规章制度，要让大家参与其中

在很多企业，规章制度往往由几个领导者来制定，普通员工根本没有机会参与，这种做法最常见的危害就是，领导者对实际问题不了解，制定的制度不切合实际，而且不利于员工理解制度、执行制度。因此，聪明的管理者往往不会独断专行地关门造制度，而是想办法让大家参与

到制度的制定中来，参考大家的意见和建议。

日本丰田汽车公司十分重视员工的意见和建议，他们经常鼓励员工发表意见，参与到公司的管理中来。公司的总厂与分厂加起来，设置了多达 130 个意见箱，还为员工准备了提意见的专用纸。每个月，公司的管理者都会打开箱子 1 ~3 次，如果员工的建议得到采纳，员工将会得到相应的奖励。

自从实施了这种管理办法之后，仅 1980 年，员工就提出了 859000 条建议，比前一年增长 50%，其中 93% 的建议被采纳，由此给员工的奖金多达 9 亿日元。据统计，丰田公司实行这一制度后，在三十多年间收到过 400 多万条的建议，平均每个员工提建议接近 100 条。在员工普遍参与的管理模式下，公司的制度得到了大家很好的执行，公司也一路高奏凯歌，不断走向新的发展高度。

充分听取员工的意见和建议，既可以获得一种智慧，便于制定出更加科学合理的制度，又可以对员工表达重视，调动员工的积极性，使员工更好地遵守制度。试想一下，当员工发现一项制度中有自己的思想智慧时，他会引以为豪，并认真执行制度。因此，管理者在制定企业制度时，一定要重视员工的意见和建议，努力调动员工的参与意识。

管理者要让员工感觉到自己是公司的主人，比如，针对某一问题管理者打算制定相应的制度，可以把大家召集起来，询问大家的意见和想法："如果大家有什么想法，可以在未来 3 天之内与我交流，可以发邮件，也可以写纸条。"

当员工提出自己的意见时，无论管理者是否采纳，都应该心怀感激地肯定他们积极献计献策。如果管理者决定不采纳，请说明原因，切不可不了了之，否则，员工可能会有一种被忽视的感觉。对于被采纳的意见，公司可以制定相关的奖励制度，哪怕只奖励一毛钱，也是对员工的最好肯定。

7 制度设置一定要层次分明

有一名酒店的老板，见到员工服务态度不好，就批评员工一番；见到员工上班迟到，就训斥员工一顿。大家都说这位老板很负责，而实际上他是在越俎代庖，犯了越权指挥的错误。因为身为一家酒店的老板，他有自己更应该做的事情，比如，制定企业的经营战略和发展计划，管理各部门的负责人，而员工迟到、服务态度不好，应该由下级管理者去问责。而他做了下级管理者应该做的事情，下级管理者该干什么呢？而且老板由于管得太多，就会变得特别忙，当有一天老板不在公司时，员工遇到了问题应该找谁呢？

汉斯是美国一家大型百货商场的老板，但他依旧采用小店铺的管理模式。对于公司上上下下，他总是事无巨细地过问，哪个管理者做什么，该怎样做，哪个员工该做什么，该怎样做，他都会布置得细致入微。因此，他经常感到身心疲惫。

一次，他终于累了，想抽出半个月的时间去国外度假，可是他刚出门两天，公司的电话和邮件就源源不断地找来，公司到底出了什么事情呢？其实也没什么事情，大多数是公司内部的琐碎小事。这使得汉斯不得不提前结束自己的度假，赶回公司“救火”。

汉斯遇到的这种情况，完全是他一手造成的，因为他在企业管理中，不能做到层次分明、职责清晰，他管得太多滋生了部下和员工的惰性，造成了大事小事找老板的现象，所以，他离开公司，公司便无法正常运转。这在管理上是最糟糕的情况。

作为老板，一定要牢记：不能管得太多。否则，就会打破正常的管理秩序，使管理陷入紊乱状态，影响公司的效益。对于员工来说，一会儿老板说往东，一会儿部门主管说往西，前后指令不一致，员工就会无所适从。真正有序的管理应该层次分明，老板该管什么，部门主管该管什么，大家应该分工明确，各司其职，且相互配合，这样才能把企业管好。

怎样才能保证各个管理者各司其职、层次分明地管理公司呢？关键在于在制度设置上体现出层次，假如公司的制度里有明确的规定：老板的职责是什么，部门经理的职责是什么，车间负责人的职责是什么，员工遇到了怎样的事情应该找谁……这些问题都在制度理由明确的说明，那么企业还愁管不好吗？

管理者还需记住，聪明的员工喜欢独立思考，只有懒虫、笨蛋才会事无巨细地听从指挥。如果公司的制度里没有明确的管理层次，老板越权指挥，包办一切，从企业的经营策略到车间的生产计划，再到每天的考勤管理，再到窗户是否擦干净，这些他全管，那正好就满足了懒虫的心理，他们不愿意思考，只需要机械地接受任务、完成任务，出了问题他们也不用负责。长此以往，员工的积极性和创造性就会泯灭。而那些有才华、有能力的员工，他们比普通人更迫切希望实现自己的价值，而实际工作中他们又没法实现自己的价值，在这种情况下，他们迟早会选择走人。

事实上，任何一名管理者的时间和精力都是有限的。文武之道，一张一弛，高明的管理首先必须懂得放弃，有所舍才能有所得，有所舍才能游刃有余。聪明的做法是，设置层次分明的制度，清楚地规定各个管理者的职责，大家各司其职，互不干涉，互相配合，才能把企业管理得井然有序。

8 勿让公司制度与法律法规撞车

有句话说得好："我的地盘我做主。"很多企业老板都有这种观念，他们心里这么认为，并且嘴上是这么说的，行为上是这么做的："在我的企业，你就得听我的，否则，我让你滚蛋。"有了这种心理，他们制定的公司制度，也往往显得"无法无天"。

2008 年 10 月 28 日上午，张先生驾驶公交车途径某路口时，发现一名路人骑车上了马路，为了避让他紧急刹车，结果造成公交车上的一位乘客摔倒受伤。伤者是名 50 多岁的妇女，经鉴定构成九级伤残。

事故处理完毕之后，公司总共赔偿伤者 13.9 万元，由于车辆有保险，其中 11 万由保险公司支付。公司领导找到张先生，要求他根据公司的规章制度赔偿公司的损失。公交公司有一条很重要的规章制度，叫《责任事故损失赔偿及行政处理办法》，其中规定负事故全部责任，按照第四条第一款第一项的规定，应当赔偿公司损失的 20%。

然而，到底怎样计算这笔费用呢？张先生与公司发生了严重分歧。因为张先生所在的公交公司有制度规定，凡是 10 万元以上的事故就要被解雇。如果想继续留在公司，就必须把超出 10 万元的部分补齐公司要求张先生支付两笔费用，第一笔费用为超出 10 万元的那部分费用 3.9 万元。第二笔费用是 10 万元的 20%，加起来总共 5.9 万元。

张某不愿意出第一笔费用，但又不想被解雇，万般无奈之际，他将公司告上法庭。法庭经过一个小时的审理，法官当场宣判，公司的制度不合理，张先生胜诉——公司不得解雇张先生。

《最高人民法院关于审理劳动争议案件适用法律若干问题的解释

(二)》第16条规定：“用人单位制定的内部规章制度与集体合同或者劳动合同约定的内容不一致，劳动者请求优先适用合同约定的，人民法院应当予以支持。”在这里，“优先”二字非常关键，它表明在企业制度与法律法规产生冲突时，应该优先以法律法规为准则。这样才有利于保护劳动者。

事实上，很多老板不是不明白法律大于公司制度，但是他们心中有特权思想，又有侥幸心理，认为制度与法律有冲突没关系，员工想在自己的企业里工作，就必须认可这些制度。殊不知，这种想法是有风险的。一旦公司出现劳资纠纷，员工把公司告上劳动仲裁机构或法庭，最终败诉的肯定是用人单位。所以，经营公司还需以法律为准绳，做一个守法的企业管理者，尤其是做老板的，一定要敬畏法律，坚决不制定与法律“撞车”的企业制度。

9 制度设置要补齐短板

一只木桶盛水的多少，并不取决于桶壁最高的那块木板，而取决于桶壁上最短的那块。这就是著名的“木桶原理”，又叫“短板理论”。木桶理论告诉我们，要想提高综合实力，就不能存在短板，这对企业和团队管理来说是十分重要的。

对一个团队而言，尤其是合作性非常强的团队，无论其他人做得多么好，只要有一个人的工作出现了纰漏，就很可能影响整个团队的业绩。对企业管理制度而言也存在这种情况，有些企业各方面的制度都很人性化、很完善，但是薪酬制度很糟糕，员工往往因薪酬制度这块短板而离开；有些企业的制度都不错，但是企业的福利制度很糟糕，让员工觉得企业没有人情味；有些企业的休假制度不行，员工整天没日没夜地干活，完全得不到休息，长期身心疲惫。

无论企业存在哪方面的制度短板，对企业的发展都是不利的。因此，管理者一旦发现公司制度的短板，一定要设法补齐，或尽可能地补齐，这样才能保障员工的利益，平息员工的不满，保护员工的工作积极性。

有一家公司各方面的制度都还不错，但就是薪酬制度存在诸多问题，多次引起员工的不满，不少员工因此而愤然离职。有一次，公司安排三名员工去接受培训，老板当时表示前去接受培训的三名员工每天将获得100元的补贴。

到了月末，公司核算工资时，老板表示："三名前去接受培训的员工，在10天的培训期间，基本工资要扣除掉。没有完成当月工作任务的，也要按未完成任务的计酬方法来算工资（最低标准）。"

由于该公司给员工的每月基本工资为2200元，平均到每一个工作日的工资为100元。那么，当初老板承诺的培训期间，每天补贴100元，完全就是一个大忽悠。同时，由于三名员工前去接受培训，因此影响了当月工作任务的完成，这样一来，员工的工资就减少了很多。

当三名员工得知老板的计酬方式后，立即勃然大怒，他们认为员工在工作期间，接受公司的安排，基本工资不能扣除。在这个前提下，培训期间每天补贴100元才是有意义的。否则，老板不就是为了公司的长远发展，"骗"员工去接受培训，同时在员工身上省下一笔基本工资（扣除10天的基本工资）吗？

当三名员工找老板理论时，老板却说："我让你们去培训，那完全是器重你们，你们想一想，今天你们得到了培训，能力得到了提高，会给自己一生都带来好处，是不是呢？"

员工表示："我们压根就不稀罕这机会，当初要不是你说每天给100元补贴，我们还不去呢？没想到你这样坑人，我们不干了。"

最后，三名员工一同辞职，而他们是公司的骨干员工。三名员工离职后，公司一度陷入了困境。

在这个案例中，老板斤斤计较于10天的基本工资，导致员工愤然离职，结果企业陷入僵局。由此可见，这家企业的老板非常小家子气，在员工的薪酬上算得非常清楚，而且算得不合道理，以至于员工不满。

其实，无论是哪方面的制度，只要存在过于明显的短板，对企业的发展都是极为不利的。比如，有些企业特别不重视福利制度，过年过节的，别的公司又是发礼品，又是发过节费，又是请员工吃大餐，可他们公司呢？什么没有不说，还要求加班，你说找谁说理去？员工心里觉得没有受到应有的重视，一次次累计，总会有一天爆发出来。

再比如，有些企业对考勤管得特别严，迟到了就要罚款，哪怕一个月仅有一次迟到也不例外。而员工全勤呢？那就是理所应当的，没有半毛钱的奖励。员工每天早上挤公交，火急火燎地来上班，若因堵车而迟到一两分钟被罚款，你说他们气不气？这种气愤积累下来，总有一天也会爆发。

所以，管理者一定要善于自查，对企业的制度进行满意度调查，听听员工有怎样的看法，如果很多员工对某一方面的制度有意见，那么管理者就要好好反省一下了，是不是制度真的有问题？然后及时修正不完善的制度，努力给员工一个人性化、规范化的管理，这样才能赢得员工的心。

10 让规章制度与时俱进

曾在报纸上看到这样一则新闻：

沈阳军区某师某连队的一级士官李强因熄灯后在电脑室“打游戏”被机关通报批评。但李强的上级干部却找到机关人员说情：“小李当时不是打游戏，而是承担网上模拟对抗训练教学示范任务，在‘备课’。”为此，他还拿出新编修的《军事训练与考核大纲》，翻开“开展网上模拟对抗训练”等条款作为依据。

未曾想到，机关人员也拿出一本材料——《网络终端管理使用规定》，翻开材料内文，指着一条念道：“禁止利用网络室、学习室的电脑玩游戏……”只不过，他拿的材料是5年前的规定。小李的上司与机关人员各执己见，争执不休。

后来，该连队的上级部门在调查中发现，部队现行的《网络终端管理使用规定》、《军事训练尖子评比细则》等多本规章制度都是几年前制定的，而其中的一些条款被沿用多年，与当前的时代需要不相适应。于是，上级部门立即派相关人员对这些过时的条令、款项进行了修改。

类似的现象还有不少，据报载：2007年1月19日，青岛一名三年级的女生被火车撞死，当时女孩的父母仅得到600元的赔偿。铁路部门赔偿的依据是1979年颁布的暂行规定，但问题是这一“暂行规定”已经暂行了28年，在这28年间，没有得到更新和调整。这一案例引起了社会各界的深刻反思，也值得我们企业的管理者去反思：为什么规章制度不能与时俱进呢？

企业管理者一定要认识到，在过去制度的基础上补充、完善，建立更符合当下的规章制度，这样才能保证企业更好地向前发展。

第九章

用铁的纪律打造一流的团队

BIERANG
ZHIDU HUILE
NIDE TUANDUI

1 单打独斗永远成不了气候

俗话说，“三个臭皮匠，顶个诸葛亮”，单打独斗，永远成不了气候。企业是一个团队，作为管理者，就是要把全体成员都紧密地团结在一起，拧成一股绳，真正实现上下一心，只有这样，才能攻无不克，战无不胜。

琼·R. 卡扎巴赫在《团队的智慧》一书中，曾这样诠释“团队”一词：“团队就是一群拥有互补技能的人，他们为了一个共同的目标而努力，达成目的，并固守相互间的责任。”在团队中，大家各司其职，分工明细，共同协作，这种团队作战的方式比单兵作战的优势要明显得多。

被奉为“经营之神”的松下幸之助早在1945年就提出了“全员经营”“群智经营”等理念，并号召公司上下要一致发挥勤奋精神，事实证明，这种群策群力的做法比管理层的单打独斗要有效。

松下一直想尽办法帮助全体职员树立团队意识，为此，他不惜花大力气发动每个工人的智能和力量，并建立了提案奖金制度：只要职工可以提出有价值的建设性意见，就可以获得高额奖金。现在，公司每年颁发的这项奖金就高达百万元以上，其创造的效益也早已超过了所发奖金的13倍。由此也不难看出，这种鼓励员工参加管理的做法是十分明智的，不仅赢得了员工们的忠诚，还节约了管理成本。

为了打造一个坚不可摧的团队，每年正月，松下幸之助都会亲自带领全体职工举行货物送行仪式。全体工人头戴头巾，统一穿着武士上衣，并挥舞着公司的旗帜，一起目送几百辆货车驶出厂区，在这个过程中，每个工人都会情不自禁地生出自豪感，为自己是这个团队的成员而骄傲。

松下幸之助曾坦言：“松下的经营，是用全体职工的精神、肉体和出资本集线结成一体的综合力量进行的。”纵观世界上那些成功的公司，很容易发现，管理者的贡献并不是最高的，绝大部分都是靠团队而不是个人。这也从另一个侧面表明，单打独斗是没有任何出路的，只有依靠团队，才能实现企业的发展目标。

作为企业管理者，一定要充分认识到群体力量的重要性，在经营管理的过程中也要有意识地去体现这一思想，主动打破个人英雄、个人崇拜等管理模式，并借助技巧和奖惩手段实现“全民动员”。

2 一群团结起来的蚂蚁可以战胜一头狮子

说到蚂蚁，我们就会想到“勤奋”一词，因为它们总是那样忙碌。其实，除了勤奋，蚂蚁还非常勇敢、无私。蚂蚁虽然微小，但是却不可小视，因为它们具有强烈的团队精神。当成百上千的蚂蚁团结起来，向目标发起攻击时，庞然大物也会轰然坍塌。狮子虽然强大，但是没有蚂蚁那种团队精神，败阵下来是必然的。

弱肉强食的动物世界的竞争法则告诉我们：个体弱小没有关系，只要能团结起来，就能战无不胜、所向披靡。个人的强大也没什么了不起，因为再强大的个体，如果不懂得团结众人，那么他在善于团队作战的对手面前也会变得不堪一击。

作为社会性动物的人，在工作中，只有像蚂蚁一样与人团结，才能更好地体现自己的价值和力量，实现个人的目标和团队目标。作为企业的管理者，不但自己要有团队精神，懂得与人团结，还应该想办法把员工们团结在自己周围，为企业的目标而努力。

俗话说：“三个臭皮匠，顶个诸葛亮。”指的是人多智慧多，有事大家商量，就能想出好办法。也许你个人的力量并不出众，你的员工能力也有限，但当你们团结在一起时，大家集思广益，密切配合，往往能产生数倍的能量，攻克你个人无法攻克的目标。

值得注意的是，要想真正实现“三个臭皮匠，顶个诸葛亮”这一目标，在合作时应该考虑四个问题：

首先，团队成员应该相对比较专业。所谓专业，指的是“内行”，也就是大家要对所从事的事情有经验。俗话说：“隔行如隔山。”不专不精的三脚猫再多，团结起来也无法和术业有专攻的专家相比，三个保安加起来怎么也没法和一个会计比算账。因为团队协作不是人数的堆积，而需要专业知识和经验，只有几个相对专业的人组合在一起，才有可能集思广益，产生好的创意。

其次，团队成员之间要有互补性。一个人有点子、创意、赚钱门路，一个人有资金，两人团结在一起，取长补短，最后走上了成功，这就是团结的力量。尚先生始终是一个打工仔，虽然有才华，但是无法拥有独立的事业；林先生有资金，但是只是搂着一堆存款，也无法拥有独立的事业。这就是团队合作使人的价值无限增大的最好蓝本。

再次，团队成员之间要平等。“三个臭皮匠”之所以能“顶个诸葛亮”，是因为他们之间是平等的，没有身份和地位的差别，在商量和合作时，可以各抒己见、毫不避讳、敢于反驳，这样就有利于碰撞出奇思妙想，制定出大家认同的目标和战略，更好地走向成功。

最后，团队成员要有商量。俗话说：“一人计短，两人计长。”有事情、好商量，有问题、好沟通，这是三个“臭皮匠”能真正走在一起，并密切团结的重要因素。如果彼此商量不到一块儿，沟通不到一起，那么，他们之间不可能产生“化学反应”，也不可能战胜“诸葛亮”。

3 增强团队成员间的信任，让大家都有归属感

员工之所以对公司没有热情，在工作中没有创造性，很大的原因是员工在公司没有得到足够的信任，对公司没有归属感。因此，管理者要重视增强团队成员之间的信任，重视增强上下级之间的信任。

众所周知，信任可以产生力量，会带给员工强大的激励。然而，很多公司都遭遇着信任危机。员工不信任领导者，领导者更是不信任员工。比如，有些公司居然在办公室内安装摄像头，以监视员工的一举一动，看员工上班是否认真工作。殊不知，这种怀疑、监视对员工是多么大的伤害。在这种不信任的环境中，员工根本不可能竭尽全力地为公司效力。

作为一个管理者，对员工不信任还表现为，当员工负责某项工作时，他们会时不时去干涉员工，有些管理者甚至会大包大揽。他们认为这是在帮助员工，实际上是在妨碍员工工作。其实，最好的方法是放手让员工做，鼓励员工："我相信你能出色地完成任务。"

在微软公司，每个员工都会被信任，他们有充足的空间去施展自己的才华。因为比尔·盖茨在管理上，最独到之处就是充分授权。这在员工看来，是公司对他们最高层次的信任。比尔·盖茨认为，充分信任自己的员工，才能让员工有归属感，这是公司发展壮大必不可少的因素。

在沃尔玛，每一个经理人衣服的纽扣上，都有几个特别的字"我们信任我们的员工"。沃尔玛把员工以及最基层的店员视为公司的合伙人，公司十分强调"信任"二字。他们认为，信任可以营造良好的人际关系，可以增强大家的归属感，可以使同事之间达到志同道合的合作境界。

据沃尔玛的高级领导者分析，正是因为公司推崇信任，很多基层员

工感觉自己受到了重视，对公司产生了归属感，他们才愿意积极地为公司出谋划策，公司很多良好的创意都是来自于这些最基层的员工。而且，这些创意最终也是在他们的执行下变成了现实，因此，公司没有任何理由不信任他们。可以说，这是沃尔玛从一家小公司发展成世界最大的零售连锁集团的重要秘诀之一。

与沃尔玛相似，在惠普公司，管理者也将信任员工视为最起码的原则。惠普的创始人比尔·惠利和戴维·普克对公司的高层表示："惠普之道的政策和措施都是来自于一种信念，就是相信员工全部都想把工作干好，有所创造。只要为他们提供了适当的环境，他们就能够办到这一点。"惠普尊重和关怀每一名员工，甚至废除了考勤制，这不但是让员工按自己个人的生活需要来调整时间，也表达了对他们的信任。

作为管理者，从这些世界知名的大企业的案例中，可以认识到信任的重要性。信任就像一缕和煦的春风，可以吹散员工心头的阴霾，消除他们心底对公司、对领导者、对同事的芥蒂；信任又像是一抹温暖的阳光，可以让员工充满活力，让员工感受到企业的温暖，从而对企业产生归属感，并以主人翁的姿态对待自己的工作。

4 铁的纪律，造就铁的团队

春天来了，大雁从南方飞往北方，一会儿排成"一"字，一会儿排成"人"字；秋天来了，大雁又从北方飞向南方，同样，一会儿排成"一"字，一会儿排成"人"字。为什么大雁要排成整齐有序的队伍飞行呢？因为这样飞行可以减少空气中的阻力，节省大雁的体力，保证顺利到达目的地。

大雁排成队伍飞行，表现出严密的组织性、纪律性，为了追求同一个目标，它们团结在一起，打造成了一支铁的团队。在企业经营和管理中，老板如果重视用纪律约束每个员工，让员工学会严格执行各项规章制度，贯彻落实会议决策，执行公司制定的计划，那么企业必将成为一支战无不胜的钢铁团队。

西点军校是注重纪律的典范，它重视对每个学员进行纪律锻炼。为保障纪律锻炼的实施，西点军校有一套详细的规章制度，还有具体的惩罚措施。比如，学员若违反军容，校方会惩罚他身着军装，肩扛步枪在校园里正步行走几个小时，甚至十几个小时。

据说，艾森豪威尔将军就曾在西点军校被惩罚过，因为他自由散漫惯了，经常违反纪律。因此，他经常被惩罚在操场上来回走步。经过一年的训练，纪律观念终于植根于他的大脑。所以，后来我们才看到威严的艾森豪威尔将军。

其实，经营企业和管理员工与管理军队一样，都必须强调纪律。纪律是一切制度的基石，团队纪律是维系企业长期发展的重要力量。企业有了严明的纪律，才会具备战斗力。

1985 年，张瑞敏担任海尔的厂长，他上任后宣布的第一条纪律竟是“不准在车间大小便”。二十多年后的今天，当我们看到这条纪律时，或许感到可笑，心想：员工怎么会在车间大小便呢？但是在当时，海尔员工在生产车间大小便的情况并不少见。可以说，若没有“不准在车间大小便”这条纪律，就没有海尔今天的辉煌。

纪律是确保做事正确、行动有效、执行到位的有力武器。企业要想获得长远发展，就必须有严明的纪律，这样才能将员工很好地拧成一股绳，团队才能迸发出战斗力。否则，团队只是一群乌合之众，会变成一盘散沙，大家不听命令，不服从指挥，随心所欲地行动，就不可能产生战斗力。

所以，老板一定要强调纪律的重要性，要求每个团队成员严格遵守，谁也不能凌驾于纪律之上。在强调纪律的同时，老板必须身先士卒，维护纪律。一个好的领导必须懂得自律，这样才能带出遵守纪律的团队。

5 良性换血，让团队始终保持战斗激情

激情是团队的血液，是员工的灵魂，是企业的活力源泉。企业老板的职责，也是企业领导成功的秘诀，就是让激情在团队内扩散、流淌、传递、飞扬。著名的企业管理专家谭小芳认为，衡量一个公司的领导人是否优秀，衡量他是否把公司管理好了，很重要的一个指标是看他能否激发出员工的工作潜能、工作斗志。

对于激情，有着军人经历的“商战教父”柳传志是这样说的：“做企业、带队伍的第一条就是要让员工做事有积极性，受到激励，这和让战士爱打仗是一样的。确实是因为这种氛围一旦创造出来就非常厉害，对提高企业执行力有极大的帮助。”

要想让团队始终保持战斗激情，企业管理者就必须充满激情。比尔·盖茨之所以创建强大的微软帝国，杰克·韦尔奇之所以成为备受赞誉的世界第一 CEO，松下幸之助之所以被称为经营之神，李嘉诚之所以连续多年成为华人首富，就是因为他们是一个充满激情的人，同时，他们善于激发员工的激情，使团队保持生机和活力。

华为集团特别重视培养员工的激情。据说，华为的员工工作起来不要命，经常加班到深夜，饿了吃盒饭，困了就在办公桌底下打地铺。在深圳，有些女孩开玩笑说：“嫁人不嫁华为人。”因为如果嫁给华为人，就意味着前半夜独守空房。这种说法也许有些夸张，但是不可否认的是，华为人显著标志之一是激情飞扬的工作精神。正是因为对工作始终保持

激情，才使得华为这只“土狼”在短短的二十年以无比凶猛的势头扩张成为世界500强企业。

员工有了激情，才可以释放出巨大的潜在能量；员工有了激情，才可以把枯燥的工作变得生动有趣，使自己对工作充满渴望，产生一种狂热的追求；员工有了激情，才可以感染周围的同事，营造一种充满激情的团队氛围，打造一支强有力的团队。

在《赢在中国》中，马云曾说过：“短暂的激情是不值钱的，只有持续的激情才能赚到钱。”作为一个企业团队，为了保证更好地达成目标，团队成员的工作士气和战斗力非常关键。

比尔·盖茨说：“每天早晨醒来，一想到所从事的工作和所开发的技术将会给人类生活带来的巨大影响和变化，我就会无比兴奋和激动。”在比尔·盖茨看来，一名优秀的员工必须具备一个重要素质，那就是对工作充满激情。他的这种理念已经成了微软文化的核心，就像基石一样让微软王国在IT世界里傲视群雄。

微软公司在招聘员工时，会问应聘者一个特殊的问题：“你是一个非常有激情的人吗？你对公司、对技术、对工作有激情吗?”为什么微软公司重视激情呢？微软公司的一位人力资源主管是这么说的：“我们不能把工作看成是几张钞票的事，它是人生的一种乐趣、尊严和责任，只有对工作拥有激情的人才会明白其中的意义。”

6 优化团队成员，消除团队中的短板

有一家药店为了满足业务发展需要，新招聘了20名新员工。经过短暂的岗前培训，这些新人被安排在不同的岗位上。一个月后，公司的销

售额并没有达到预期的目标，药店的业务量不增反降。这令药店的老板大为不解。

经过一番调研之后，老板发现这些新员工的能力和素质良莠不齐。尽管有些新员工适应力很强，能力突出，个人素质很好，在营销中为企业做了很好的形象代言。但是有些新员工能力差、工作态度不端正，在与顾客打交道的过程中态度恶劣，遭到了不少顾客的投诉。有些员工对专业知识了解不够，面对顾客的咨询时，无法给顾客满意的回答。这些问题导致一些老客户流失。

每一个公司都有自己的长板——优秀员工，但是也有起负面作用的短板——问题员工。决定团队战斗力的，往往不在于公司有多少个优秀员工，而在于公司有多少个问题员工。问题员工或是因为专业素质不够，或是因为工作态度不端正，或是因为品行败坏，在工作中，对外很容易给客户留下不满，影响公司的声誉和形象；对内很容易给其他员工带来消极的影响，比如，工作态度不端正的员工会引起其他员工的不满，品行败坏的员工在人际关系方面容易制造矛盾。

因此，管理者要改变团队中各个员工、各个部门良莠不齐的状况，就必须修补团队中的短板，消除公司中的问题员工。这样才能最大限度地提升团队的战斗力，使团队这只木桶盛更多的“水”，盛下更多的财源。

7 团队精神是打硬仗取得胜利的保证

有些人认为，最优秀的团队，一定是由最优秀的成员组成的。真是这样吗？当然不是，反过来，最优秀的成员组成一个团队，也不一定是最优秀的团队。

团队不是“人+人”的累积，也不是“优秀+优秀”的累积，而需要凝聚在一起，并真正产生“化学反应”。如果团队没有“化学反应”，那么这支团队打硬仗不可能取胜。

企业在发展过程中，也需要团队精神。人们常说：“时势造英雄”，其实也是“英雄造时势”。可是现如今，英雄人物不同于以往的个人英雄，而是需要有团队精神的英雄。否则，即使你个人能力再强，组合在一起，也不一定能创造辉煌。

TCL集体的总裁李东生曾说过：“在现代市场竞争中，要加强团队协作，提高资源整合能力和整体系统的有效性，保障企业资源效益最大化，综合竞争力才能够做到最强。”他在公司的内部会议上不断申明：“我们要成长为具有国际竞争力的世界级企业，首先要培养一支能管理具有国际竞争力的世界级企业的职业化经理队伍，在企业竞争的诸多因素当中，人的因素是第一位的。”

事实上，人才队伍的建设，团队精神的培养，不只是TCL集团需要重视的，也是每个企业应该重视的。因为在二十一世纪的今天，只有拥有优秀的人才，并将优秀的人才凝聚在一起，才能打造出战斗力十足的团队。

8 “杀鸡儆猴”是团队管理的大忌

相传猴子是最怕见血的，驯猴的人为了驯服猴子，就当着猴子的面把鸡杀掉，让猴子看看血。当鸡痛苦地挣扎、悲惨地哀叫时，猴子就会被吓得身体发软。为了不身首异处，猴子只能服服帖帖地听从驯猴人的指挥。捉猴子的人也会采用杀鸡的办法来抓猴子，只要猴子听见雄鸡惨叫，鲜血直冒，就会全身发软，任由捕获。

“杀鸡儆猴”是一种威胁恐吓的权术，比喻用惩罚一个人的办法来警告其他人。这一做法被很多管理者用于企业管理之中，看似不失为有效的驭人术，但细细想来，你会发现这种管理手段并不高明，而是管理的大忌。

杀鸡就是杀鸡，如果鸡真的违反了制度，犯了错误，该杀就杀，那是鸡咎由自取；如果鸡没有犯错，却被杀了，那难免会让人为鸡喊冤。管理者为了制造轰动效应，为了让大家遵守制度而杀掉无辜的鸡，本身就是对企业规章制度的亵渎，这样下去只会让制度失去权威。

不论是杀，还是儆，都会让人有高压之感。用多了，会让下属觉得企业缺乏人性，人人自危，胆战心惊，这样下属就很难认同企业，很难信服管理者。俗话说：“君子以仁，小人以智，分而治之。”对待不同的员工采用不同的管理策略，尽可能用仁慈的手段或许效果会更好。

杀鸡杀多了，会引起鸡的不满，猴子看人杀鸡，看多了也会失去恐惧感。这样下去，只会越来越激起被杀之人的愤怒，而该受批评、受罚的人却不会从中自觉反省自己，一点效果也没有。

鉴于以上三点，我们可以发现，杀鸡儆猴的管理手段其实非常愚蠢。它很难赢得员工的认同，相反，却会亵渎制度，引起不满，无法达到想要的效果。因此，请不要再用杀鸡儆猴的方式来管理企业了。该杀就杀，该儆就儆，即该处罚员工就处罚员工，该警醒员工就警醒员工，一定要做到按制度办事，处罚该受罚的人，千万不能随便乱处罚。

俗话说：“表扬于公堂之上，处罚于私房之中。”如今的时代不需要杀鸡儆猴，需要更多的是按规矩办事，追求管理的人性化，对于违反制度、犯了错的员工，即便处罚他，也应该考虑他的感受，尽可能私下来处罚。相反，对于表现优秀的员工，应该尽可能当众表扬，使员工受到更大的鼓舞。

9 及时向能力低下者亮红牌

选对人才，才能办对事情。尤其是安排重大任务时，领导人必须对下属的能力有全面的把握、深刻的认识，在人尽其才的基础上顺利完成工作目标。在此，尤其需要警惕那些能力低下的员工被委以重任，一旦出现问题将会产生连锁反应，影响工作大局。历史上，诸葛亮错用马谡而丢失街亭，就是最好的例证。不给能力低下者重要的任务，或者不给予超出其能力范围之内的重任，才能实现“用对人，万象更新”的管理目标。

时下，不少公司在人员上开始实行阶梯式管理。所谓“阶梯式管理”，就是在用工时采取终身员工、固定工、合同工、试用工、临时工等多种形式，根据员工能力进行阶梯式排列，根据级别高低来确定工资收入。这种模式强调流动式管理，员工可上可下，可高可低，不仅有效克服了全员固定、吃大锅饭的弊端，还能及时提醒能力低下者提高工作干劲。

仁福集团是一个大型民企，企业内部实行阶梯式排列，这样员工不仅能看到自己，还能看到别人，通过彼此之间的比较，会自然而然地产生压力，从而激发动力。员工进厂后通常都会先签订三个月的试用合同，根据其表现，再分别签二年、三年、五年的合同，直到工龄满十年，才签订长期合同。

长期合同往往不受时间、岗位等条件的限制，只要做得好就会升为固定工，如果做得不好就会随时面临下降的危险，而这一切都取决于个人的能力和表现。通过用工形式的这种流动，员工的收入、培训、福利、医疗、养老金等，也会随之相应变动。只要用工形式升一个台阶，那么，员工的待遇就会上一个档次；反之，用工形式降一个台阶，那么，员工待遇就会减少一部分。比如医疗费，同等工龄，固定工每年一般可以拿到医疗补贴 780 元，补贴之外的医疗费还会报销 70%；试用合同工每年通常可以拿医疗补贴 280 元，补贴之外的那些医疗费报销 40%。这种管理模式不仅解决了企业规模扩大后对用工方面的多层次需求，还能对那些能力低下者进行淘汰和督促，实在是一箭双雕之举。

这种动态管理，让员工的身份永远处在变化之中，可上可下。如此一来，员工就会充满危机感，工作也会更加努力。当然管理必须有章可循，条件下发到人，必须要让员工清清楚楚地了解怎样才能得到晋升；在什么状况下会面临降级或淘汰。阶梯式的管理方式打破了“铁饭碗”，让那些怀着“不求有功，但求无过”心态的人也能有所触动，进而激发他们的工作热情，使他们更加用心地工作。

10 打造团队正能量，从每一个漏洞抓起

员工之间拉帮结派是不少大公司的管理弊病，从客观角度上来说，公司发展到一定阶段，团队的内耗也会越来越大，如果管理者，不能及时地发现这些漏洞并逐一修补，那么整个公司就会处在乌烟瘴气之中，没有正能量，团队成员之间只有算计。试问，这样的团队又有什么战斗力可言呢？

团队是由多人组成的，每个人的行事风格不同，其工作动机也是五花八门，如果不能协调处理好成员之间的关系，那么再大的团队也只会是一盘散沙，毫无凝聚力和战斗力。管理者要想打造一支坚不可摧的队

伍，就必须从每一个漏洞抓起，打造团队正能量，只有这样，才能将内耗控制在最小的范围内。

作为台湾长荣船运公司的掌门人，张荣发带领本公司员工奋发向上，创造了辉煌的业绩。在企业管理上，他坚决打击制造内讧者，发现漏洞，立马堵死，正是这种正确的管理理念，让整个团队始终保持着旺盛的战斗力。

曾经有一艘“长荣船”，在海上遇到了风浪，然而原本的天灾很快就演变成了人祸。为了找附近的停靠点躲避，船上的几个人在航向的问题上发生了激烈争执。要知道风浪随时都可能把整条船吞没，在这性命攸关的时刻，大家理应服从统一指挥，但事实却并非如此。几名大副都认为对方经验不足，坚持按照自己的建议，硬是在风雨中摇摇晃晃了一个多小时才开船。

尽管险情并没有发生，但员工内部不团结的管理短板却显现无疑。这令张荣发十分气愤，内部争吵、贻误时机，很容易发生危险，稍不留意就会船毁人亡，既然发现了漏洞，那么亡羊补牢为时不晚，他当即决定：公司里凡是不服从统一调遣的员工，一律免职处理。

对于内讧制造者，张荣发不讲丝毫情面，一律不轻饶。正是借助这样的管理手段，长荣集团才有效地避免了内部纷争，并打造出了一支团结、勇敢的不败之师。团队管理有漏洞不可怕，怕的是不能及时发现，不能及时修补。

“做错事事小，排错队事大”这种风气实在要不得，管理者要想让团队充满正能量，首先就要消除企业中的派系之争，对于拉帮结派的头目，一定要严惩。一旦发现团队管理上的漏洞，就要及时修补，力争从公司制度的根源上，消除“内部纷争”的生长土壤，只有这样，才能实现整个队伍的团结。

11 绝对不容许破坏团队的狂徒存在

路边有条高压线，旁边有一个警示语：高压危险，不准触摸。可是有人偏偏不信，非要上去摸一下，结果被高压电击中，当场毙命。对于这种人，我们除了心生一丝同情之外，剩下的就是觉得他活该。企业规章制度就像“高压线”，虽然它没有高压电那么可怕，一碰就毙命，但它应该发挥“高压线”的威慑力，让人不敢触碰，这样的制度才有威信。

然而，有些企业在制度落实上缺乏刚性措施，出现了“处处高压线，常常不带电”的怪现象。当制度的高压线没了电时，制度就变成了“稻草人”，彻底失去了权威性和指引力，而那些不遵守规章制度的狂徒就会肆意妄为、横行跋扈。管理者若不治一治这些人，企业将永无宁日，企业长远发展也会沦为一种空谈。

在国内彩电行业，康佳彩电知名度颇高。康佳公司有一条规定：在工作场合不准吸烟！然而，这个看似简单的事情，并非每个员工都做得到。公司里有一名20多岁的年轻技术员，非常受公司领导的器重。由于他的能力出众，进入公司不久便晋升为一个车间的副主任。在走向领导岗位之后，他工作更加积极，表现更加优秀。

可是，他有一个不好的习惯——抽烟，而且烟瘾极重。由于公司明文规定不准在工作场合吸烟，因此，他只好每天上班之前猛吸几口烟，到了中午吃完饭，再猛吸几口烟，然后强忍着烟瘾熬到下班。一天，年轻人发现楼梯的拐角处比较隐蔽，他个人觉得这个地方不能算是工作场合。于是，他抱着侥幸的心理，在上班的间隙来这个地方抽烟。非常不幸的事情发生了，正当他享受吞云吐雾的快感时，公司的副总经理恰好路过此处。

虽然当时副总经理没有过多地批评他，但是公司的人力资源部很快就做出了处理决定：第一，免除车间副主任的职务；第二，罚款；第三，全厂通报批评。这事件被公之于众后，在康佳公司的整个生产车间引起了巨大的反响。很多员工认为公司的管理方式太苛刻，惩罚力度太大。但是自从这件事之后，再也没有人在工作场合吸烟了。

也许那位年轻的车间副主任觉得自己非常冤，心想：不就是违反了公司的规章制度吗？我下次改了不就得了吗？给个口头警告就可以了，或者让我私下写个检讨书，再不然罚我一两百块钱，至于撤我的职、全厂通报批评，让我难堪吗？

然而，如果每个员工违反规章制度后都这么想，公司管理者都这般从轻发落，公司的制度恐怕就无法产生万伏高压，无法震慑全体员工。要知道，公司越大，管理起来的难度也越大，如果每个人都在犯错之后要求领导者对他法外开恩，信誓旦旦地说："下不为例……"那么，公司的制度经得起几次这样的糟蹋？

对于违反公司规章制度的现象，管理者如果不制定严格的处罚措施，不下几剂"猛药"，单纯地依赖口头批评教育、警告、记过、降级等软绵无力的手段去处理，很难让员工发自内心地意识到自己的错误，也无法对其他员工产生震慑力。

再说了，有些员工脸皮比较厚，你对他们进行批评教育、警告或记过等，他们根本不往心里去。因此，早一天做出严厉的处罚是很有必要的。从这个角度来说，康佳公司的管理层对吸烟的那位员工的处罚看似严酷，实际上是非常明智的。因为通过这样一件事，就很好地遏制了有规不遵、有章不循的现象。由此可见，让一些人被"电一电"并不是坏事，至少可以消除制度的"隐患死角"。

12 用目标和利益把团队成员紧紧绑在一起

有个农夫有一匹马和一头驴。一次外出，他让驴驮的货物多一些，让马驮的货物少一些。在途中，驴累得筋疲力尽，就对马说："老马，你能帮我分担点货物吗？我累得受不了啦！"马说："凭什么帮你驮，我不帮。"没过多久，驴因为超负荷累倒了，主人见状，只好把驴身上的货物全部放在马背上。这一下，轮到马受尽苦头了，当马累倒时，它才后悔之前没帮驴分担货物。

这个故事充分说明一点：团队成员不能自私自利、各自为政，而应该为了达到共同的目标，为了共同的利益，紧密团结在一起，互相协助，互相支援。只有这样，团队才是一个有效的整体，才能攻克难关，赢得更大的胜利。

尽管人性是自私的，但是在企业里，老板必须强调共同目标，强调团队利益，要让员工明白：如果一个团队无法实现共同的目标，无法获得整体的利益，员工的利益就没法保障。

目标对团队的团结作用、对团队成员的激励作用是不可估量的，充满挑战性的目标可以激励人去努力。作为老板，应该把自己的目标转化成企业的目标、团队的目标。当团队实现这一目标时，意味着团队的利益得到了满足，这样大家的利益也得到了保障，团队荣誉也会被很好地激发出来。

1980 年，零售业巨头沃尔玛制定的销售额目标是 10 亿美元，十年之后，它的销售额目标达到了千亿美元。为了达到这个目标，沃尔玛通过"Beat Yesterday（超过昨天）"图表，把今天的成果与一个星期之前、一年之前的成果相比较，从而不断提升预期的水平，激发员工为达成最终的目标而努力，最终实现了艰巨的目标。

本田公司也十分注重团队目标，当年雅马哈在摩托车市场对本田公司形成了巨大的威胁，于是本田公司提出“打倒雅马哈”这一目标，不出几年，本田公司就主宰了摩托车市场。本田宗一郎表示，利用目标可以把团队人员的集体力量集合起来，形成了一种巨大的魔力。同时，还可以有效协调每个人的行为，使大家保持密切的合作。如果团队没有目标来协调大家，就必须通过无数次会议、指示、命令来协调大家，这样就会导致办事速度大减、企业花销增多。

企业老板们，你的团队目标是什么呢？明确清晰吗？期限具体吗？计划细化吗？如果你能做到目标明确清晰，规定实现的期限，制定具体的计划，就能很好地把大家团结起来，为了实现那个共同的目标去努力，这样一来，成功就离你不远了。

第十章

扬长避短，会管人还要会用人

BIERANG
ZHIDU HUILE
NIDE TUANDUI

1 用人不疑，疑人不用

在企业管理中，领导与员工之间并没有血缘关系，维系双方的纯粹是利益关系。唯有双方利益都得到满足，合作才能友好地进行下去；反之，平衡状态一旦被打破，上下级之间的矛盾便会随之凸显出来，从而阻碍企业的长远发展。管理者要想达到理想的用人状态，关键是要与下属建立良好的信任关系。

不少领导者在分权授权的过程中，不信任下属，尽管权力下放了，但常常出手干涉，下属被束缚住手脚，自然无法放手去干，久而久之，上下级之间便不可避免地产生了裂痕。实事求是地说，这种做法对企业的发展是非常不利的。所谓“疑人不用，用人不疑”，作为领导者，在用人以及授权时，要敢于信任下属，大胆放心地让他们去干，去负责。只有这样，才能在调动员工工作积极性的同时，也赢得他们的真心拥戴。

台湾著名企业家郭台铭在这一点上便十分值得学习。2004 年，位于墨西哥的一家摩托罗拉工厂被并购，郭台铭打算借此在墨西哥打造自己的生产制造基地，此时，摆在他面前的首要问题便是用人，是任用墨西哥人还是派出自己的亲信去管理？经过深思熟虑，他选择了前者。

古人云“将在外君命有所不受”，墨西哥这家工厂可谓“山高皇帝远”，一旦用人失误，很可能会形成难以驾驭的“独立王国”。郭台铭并非没有意识到这一点，但既然任用墨西哥人，就要本着“用人不疑，疑人不用”的原则，一味地怀疑下属，只会把事情搞砸。

从生产技术角度来看，墨西哥的自动化工作还远远不到位，“不良率1%”是鸿海的基本要求，但到了墨西哥人那里，便成了最佳生产状况。为了帮助他们走上正轨，郭台铭派了自己的下属前往当地进行指导。专业人员与墨西哥方面负责人详细沟通，耐心对话，组织墨西哥方面的人员到台湾参观高标准的生产流水线，并亲身感受鸿海的企业文化和工作氛围。

事实证明，郭台铭这种用人不疑的做法是十分明智的，对墨西哥人的信任，不仅让他把生产基地搬到了墨西哥，还把管理制度以及企业文化也复制了过去。更为重要的是，在此过程中，他赢得了该厂一大批管理者的忠诚拥戴。

但信任也要有个限度，对下属过分宠信，很容易形成“诸侯林立”的局面，一旦失去控制，领导人很容易被架空。因此，管理者使用人才，也需要在信任的基础上，保持一定的怀疑。在信任对方的同时，时刻保持警惕，做好对下属的监管工作。

2 选人不要只关注学历，会干事才是硬道理

企业的发展壮大需要人才做后盾，可是选择怎样的人才为企业效力呢？有些企业管理者在选人时挑挑拣拣，一味地以人才的学历为标准，只关注人才的出身、背景，却不重视人才的实际能力，结果花重金把名校的高材生招来，企业效益却上不去。这种现象值得每个管理者反思：招聘人才来公司，到底是为了什么？是为了装点企业的门面，好让同行看到：我们公司‘人才’济济——都是名校出身的人才，还是为了干实

事，提效益，为企业谋发展的？

世界报业大亨默多克曾经说过："人才没有标准，新闻集团的高层并不一定都需要具备博士学历才能担任的，只要你有能力，为集团发展做出了贡献，我们不会亏待任何一个在这里发展的人才。"其实不止是新闻集团的人才没有标准，很多行业的人才，也没有硬性的标准。如果有标准，那唯一的标准就是会干事、干好事的能力。

在一个人才招聘现场，一位人力资源专业毕业的硕士生与企业招聘人员谈论对薪水的要求时说道："月薪不能低于1万，否则免谈。"当时已经到下午，招聘现场的人也不多，招聘人员就想多了解一下这位硕士生，于是提了一些实际工作中的问题，想考一考他处理问题的能力。这个问题是这样的：

公司老板让采购经理去一个指定的供应商那里购买材料，而这个供应商是老板的小舅子。采购经理犯愁了，因为他每次从老板小舅子那里买回来的材料质量都不好，但如果不买就违抗了老板的命令，买了就会挨老板的批评："你每次买来的材料质量都不好，而且价格那么贵，到底是怎么回事？"请问：如果你是人力资源顾问，你会如何与老板协商这个问题？

硕士生的回答令招聘人员大吃一惊，他的回答居然是："这个问题书本上好像没有讲过。"招聘人员说："是的，这种问题书本上确实没有讲过，但读书并不是解决实际问题的唯一途径，做顾问没你想的那么容易，实际工作能力才是最关键的。"顿时，硕士生惭愧无语。

我们不否认高材生的实际工作能力，但我们要强调的是：选择人才，不能只关注学历，会干事才是硬道理。巨人集团的创始人史玉柱曾经说过："初中水平跟博士后没啥区别。只要能干就行，我一直是这个观点，不在乎学历，只要能干能做出贡献就行。"在史玉柱看来，所谓的人才指的就是，我把一件事情交给你，你做成了，我再把一件事情交给你，你又做成了。只要你能把事情做成，你就是有用的人才。

在微软，员工的薪水、职位从来不会论资排辈，员工的升迁、涨薪取决于他的个人成就。在微软，副总裁的工资低于一个软件工程师的工资，这是很正常的现象。但这种现象在其他公司，恐怕很难见到。正是这种以人才的能力、个人成绩来确定员工的薪酬的用人制度，激励着微软员工更加努力地工作。到 1992 年时，微软公司的百万富翁已经多达 3000 人。

海尔集团的创始人张瑞敏曾说过一句名言：“能者上，庸者下，平者让。”当你发现人才的学历与他的能力不匹配，当你发现人才空有学历，没有能力或能力不足时，管理者有必要以人才的能力为标准来择良木而用之，而人才的能力最好的体现就是他的工作业绩。所以说，员工会干事才是企业发展的硬道理，会干事才是优秀人才的主要标准。

3 任人唯贤，而不是任人唯亲

李嘉诚曾经说过：“在我心目中，不管你是什么样的肤色，不管你是什么样的国籍，只要你对公司有贡献，忠诚，肯做事，有归属感，即有长期的打算，我就会帮你慢慢经过一个时期而成为核心分子，这是我公司一向的政策。”

李嘉诚的用人观是开放的，只要他发现你是个人才，就会重用你。这种爱才的程度绝不亚于三国时期的曹操，真正做到了中西合璧，各采其长。他不但善于识人，也非常善于用人。尽管他握有大权，但他也物色了不少出众的管理人才，放权给他们去管理业务。

周年茂、霍建宁是两位少年老成的将才，他们为李嘉诚开拓商业疆土立下过汗马功劳。尽管当时他们只有 30 岁，但李嘉诚依然对他们委以重任。李嘉诚用人不看资历，不看虚名，而是看一个人的实际能力，只要实践证明他们确实有超常的才华，李嘉诚就会毫不犹豫地予以重用。这种“不拘一格用人才”的人才观，正是李嘉诚的过人之处。

很多企业家、领导者喜欢用自己的亲信，认为亲信才是最可靠的，这就是所谓的“任人唯亲”，这在李嘉诚看来，必然会有损事业，他解释说：“唯亲是用，是家族式管理的习惯做法，这无疑表示对‘外人’不信任。”

事实上，李嘉诚的企业是典型的家族性企业，但是李嘉诚从一开始，就不按照家族企业的模式去经营和管理，他采取的是中西方优秀的管理方法相融合的管理模式，举贤不避亲，举亲不避嫌，只要有能力的人，他就会重用。这是他事业成功的关键。

二十世纪 80 年代，李嘉诚的企业正在蓬勃发展中，不少潮州老家的侄辈亲友找到李嘉诚，表示希望来他的公司上班，但被李嘉诚拒绝了。尽管如今长江实业也有李嘉诚的家乡人，但他们靠的是本事和能力进入企业的。曾经有一位员工这样评价李嘉诚：“对碌碌无为之人，管他三亲六戚，老板一个不要。”

李嘉诚非常清楚，如果任人唯亲，那么企业内部被亲人霸占，就很容易把优秀的人才拒之门外。这样的管理，也许凭借创业者的个人才华，企业可以显赫一时，但很难维持到第二代。李嘉诚明白，创业之初靠自己，发展阶段靠团队，怎样用人，是企业稳定发展的关键。

在李嘉诚的下属中，也有自己的亲属，但这不是胡乱提拔的，而是在考察了对方的能力和品德之后，才予以重用的。在这些亲属中，最亲近的人是他的儿子，因为他们的确是可造之才，所以李嘉诚给他们空间施展才华。对此，李嘉诚从来不忌讳被人议论，这种举贤不避亲的管理之道，也是李嘉诚基业延续至今的一个关键。

4 领导者要有大胸怀，敢于任用比自己优秀的人

有人曾专门做了一项研究，大意是：如果领导者的个人能力是90分，但带“将”的能力只有60分，那么这个团队的战斗力大概只有60分。如果主管的能力是80分，但带的“将”的能力大都在90分以上，那么这个团队的战斗力可以达到90分以上。

这项研究告诉我们，领导者的价值不在于他个人能力有多强，而在于他能够带领更多有能力的下属来完成团队目标。因此，领导者不应该只关注个人的“成绩单”，而应该关注团队的“成绩单”。怎样才能让团队的成绩单更优异呢？最有效的一个办法就是任用比自己更优秀的人。

大卫·奥吉瓦尼是世界著名的奥吉瓦尼广告公司的创始人。每当公司新进一位高层管理人员，他都会赠送一套俄罗斯娃娃给他。打开外边最大的娃娃，里面还套着一个小一号的娃娃；再打开小一号的娃娃，里面还有一个更小的娃娃。一直这样打开，新进的管理者会看到第5个娃娃里放着一张纸条，上面写着：“倘若我们每个人所重用的人都比我们矮，我们的公司就会变成小矮人公司；倘若每个人所重用的人都比我们高，我们公司就会成为巨人公司。”

大卫·奥吉瓦尼用俄罗斯套娃向新进的管理者说明了一个道理：敢于任用比自己优秀的人才，公司才会越办越好，越做越大；只重用比自己差的员工，公司就会越办越萎靡，越办越糟糕。古往今来，高明的领导者无不深谙此理。

刘邦治军打仗不如韩信，但是他敢用韩信；运筹帷幄不如张良，但是他愿意起用张良；安抚百姓，供给饷馈，他不如萧何，但是他愿意重

用萧何。通过重用这3个人，刘邦在楚汉之争中才得以获胜，开创了大汉江山。反观项羽，虽然他“力拔山兮气盖世”，可他用的人没有一个比自己高的，范增足智多谋，但是被他撵走了。最后，项羽落得四面楚歌、众叛亲离、自刎于乌江的下场。

领导者有必要认识到，如果团队里你是最强的，你不知不觉就会成为“锅盖”，把团队成员“盖”住了，使员工很难有展现自己的机会。这个时候，领导者就会成为团队进步的障碍。只有敢于任用比自己更优秀的人，才能揭开“锅盖”，让团队成员看到更广阔的天地，拥有更大的发展空间。

5 同等条件下，优先选用“潜力股”

企业用人，一定要优先选用“潜力股”。有潜力的人才，只有在合适的岗位上，才有机会充分发挥自己的聪明才智。试想一下，员工业绩平平，总不能让他“占着茅坑不拉屎吧”？因此，让位是必需的。让位给谁呢？当然是让位给有潜力的“将才”。很多员工既没有修养，又没有能力，还经常出纰漏，给公司惹乱子，拖公司的后腿。因此，这样的人只能让他“走人”。

康佳公司特别重视人才，在康佳，无论你是普通员工，还是一般技术员，无论你在哪个岗位，只要你有真才实学，公司就会把你放在合适的位置上，对你予以重用。

康佳恪守的管理原则是“爱才、用才、育才”，很好地调动了人才的积极性，提高了员工的工作效率。每一年，康佳都会把公司的庸才清除掉、把业绩差的员工淘汰掉，人数大概占总人数的5%，从而给新员工提供合适机会。而对于成绩卓著的员工，康佳会加以提拔。

公平竞争、优胜劣汰，这是市场发展的需要，也是顺应人类客观规律的。推崇这种用人策略，推行竞争上岗，一方面可以充分调动人才的工作积极性，另一方面也会让那些安于现状的员工紧张起来。否则，等待他们的就是“下岗”，这样对企业的发展也非常有必要。

有些人一开始是个能者，在自己的职位上兢兢业业，工作业绩突出，但是后来“变质”了。他变得不安分守己，开始无视公司制度，让自己沦为了一个庸才。对于这种人，老板有必要下手狠一点，该清除出公司的，一定不能留下，以免给自己留后患。

曾经的得力干将，也许会变成你的累赘，变成公司发展的阻碍。因为人是会变的，而且最怕人品变坏。如果有一天，当你发现公司的一位能者有挪用公款、吃回扣等严重的不良举动时，请狠心一点，将其请出门外。记住，当能者变成庸者时，该淘汰的必须要淘汰，这样才能保证企业源源不断注入新的活力。

当然，行业里还有这样一句话：“说你行，你就行，不行也行；说你不行，你就不行，行也不行。”在企业管理方面，就是企业在招聘时，招聘人员容易被个人偏见所左右，从而错失人才，或者在企业管理过程中，管理者由于个人偏见的原因，对那些善于阿谀奉承的庸者和平者有较好的印象，而对那些靠实力说话的能者却不怎么有好感，这样也很容易导致能者的才能被荒废。

现实中，有些老板、管理者对待人才，就像叶公好龙一样，他们对人才的渴望只是停留在愿望上。当真正的人才出现在他们面前时，他们又犯糊涂了，把人才闲置在那里，把能者变成了庸者。所以说，老板要对人才多一点信任，多一点包容，多给人才创造条件，这样才能保证人才的真实能力得以发挥。

6 用最高的位置，把最有本事的人留下来

企业把优秀的人才聚集起来，才算成功了一半。如果不善于留住人才，那么人才只能是企业的匆匆过客，对企业的发展就起不到推动作用。

古往今来，因不善于留人才，导致人才得而复失的事例比比皆是，比如，陈平、韩信等人，当年曾在项羽帐下供职，但是项羽不识才、不懂得留才，最后导致这些人转而投奔刘邦；荀彧、荀攸、郭嘉等人也曾在袁绍手下效力，但袁绍与项羽是同等货色，最后导致这些人转投曹操。

通过这些事例，我们会发现：在得到人才之后，一定要想方设法留住人才。只有留住人才，才能长期地使用人才，人才价值才能发挥出来。说到留人才，我们就不得不提用职位留人。许多优秀的领导者，都善于用“职位”作为留人才的筹码，并取得了很好的成效。

很多人的心中，都有根深蒂固的官本位思想，很多优秀的人才都渴望获得升迁。比如，业务员想当主管，当了主管想当经理。所以，对待优秀的人才，给他们加官晋爵、给他们荣誉和表彰是很有必要的。

卡罗·道恩斯原本是一个收入颇丰的银行职员，为了更好地发挥自己的才能，他辞去了银行职员一职，进入到杜兰特公司，这就是后来声名显赫的美国通用汽车公司。在工作半年之后，道恩斯想知道公司总裁杜兰特如何评价自己的工作，于是他给杜兰特写了一封信，并在信的最后问道：“我是否可以在更重要的职位从事更重要的工作？”

杜兰特看了这封信之后，在上面做了批示：“现在任命你负责监督新厂机器的安装工作，但不保证升迁或加薪。”然后，杜兰特把施工图纸

交给道恩斯，要求他按照图纸施工，想看他做得如何。

道恩斯从未接触过这方面的工作，也没有接受过任何培训，但是他接到任务后，认真研究了图纸。遇到不懂的问题时，他会向相关的人员请教，很快，他就把这项工作弄明白了。最后，提前一周完成了杜兰特交给他的任务。

当道恩斯来到杜兰特的办公室汇报工作时，他发现杜兰特办公室旁边的一间办公室的门上，写着“卡罗·道恩斯总经理”。这是怎么回事呢？原来，这是杜兰特给道恩斯准备的办公室，他已经决定提拔道恩斯担任公司的总经理，而且年薪是原来的10倍。

杜兰特为什么要这么做呢？他对道恩斯是这么说的：“我给你那些图纸时，我知道你看不懂，但是我要看你如何处理。结果我发现，你是个领导人才。你敢于直接向我要求更高的薪水和职位，这是很不容易的。我尤其欣赏这一点，因为机会总是垂青那些主动出击的人。”

杜兰特对待卡罗·道恩斯的这个案例，给所有的管理者们上了一堂深刻的“留人课”。他告诉我们，当你发现某个员工是个人才时，应该立即赋予他相应的职位，尤其是当人才自己提出想担任更高的职务时，管理者更要重视满足人才的职位要求。

7 根据公司的长远规划进行人才储备

战国时期，齐国有个名士叫孟尝君，他喜欢招纳各种人才做自己的门客，号称“门客三千”，其中不乏鸡鸣狗盗之徒。后来，孟尝君在门客的帮助下，成功逃出大狱。其中有件事值得一提，那就是孟尝君过边关时，秦国守关有个制度，那就是等到鸡叫时才能放行。这时孟尝君的门客中有个人善学鸡叫，他一叫四周的公鸡也跟着叫，秦国守关人员便开门放行了。

孟尝君的故事对企业管理者很有启发，那就是要进行人才储备。不同的是，孟尝君在储备人才时，未曾想到有朝一日会被秦王所杀，也未曾想到解救自己的人才中有一个人善于学鸡叫。孟尝君的人才储备是无意识的，没有长远规划的，而是全凭一腔爱才的热情。对于企业管理者来说，储备人才必须根据公司的长远发展来进行，这样才能规划公司的未来，为公司长远发展留足有用的人才。

现在不少企业在发展的过程中，老是感觉到了关键时刻，没有关键性的人才可用，以至于导致企业的重大计划流产，或给企业带来巨大的损失。其实，这就是因为企业没有制定人才储备战略，没有依据企业的长远规划进行人才储备。

浙江一家知名民营科技企业，近年来取得了突飞猛进的发展。然而随着市场的迅速扩大，公司的各种资源已经被利用殆尽，市场营销、产品设计与开发、财务管理人员等关键性的部门人才严重不足。尽管企业一直重视人才储备，公司内部也是人才济济，但是在这几个关键部门上依然缺少可用之才。一时间，公司管理层仓促招聘，可是择人不佳，频频换人，严重影响了企业的发展势头。

案例中的公司所出现的症状，原因在于缺乏战略性的人才储备，也就是当初储备人才时，没有着眼于长远考虑，没有考虑到将来公司在哪些部门上最需要关键性的人才，所以才会导致企业壮大之后，用人捉襟见肘。这就告诉我们，一定要根据公司的长远规划，有针对性地进行人才储备。

要想为企业的长远发展储备人才，管理者可以提前制定接班人计划。企业在发展中，关键性的部门和关键性的岗位，一定不能缺少接班人。因此，公司可以提前在人才库里找到接班人，有意识地去培养他们，还可以通过培训来提升他们的工作能力，使他们将来能够胜任相应职位。

企业还可以与猎头公司保持长期的良好合作，因为猎头公司对高端人才的掌握与占有上，有相当大的优势。因此，一旦企业缺少相关的人才，可以及时借助猎头公司的资源，迅速为企业找到合适的人才。

8 让员工的能力与职务相匹配

管理学家亨利·艾伯斯曾经直言不讳地指出："上级领导的职责就是要把下级的行为纳入一个轨道，使大家为了实现组织目标而努力。"这里所谓的"轨道"也就是我们通常所说的工作职务，企业管理者在给员工们安排职务、分配工作任务时，一定要充分考虑到每个人的能力大小，只有让他们的能力与职务相匹配，才能统筹好整个企业的工作进度，并恰到好处地做好管理工作。

员工能力与企业的发展目标往往存在一定差距，这是所有管理者都必须面对的问题，为了实现企业的长远发展，领导者通常会制定相应的发展规划，同时还会不断提高员工们的工作技能，但对下属过高要求的做法并不明智，反而会引起员工反感，从而严重挫伤他们的工作积极性。

日本三洋电机公司在人才的使用上一直奉行着合理适度的原则，每个员工的能力都与其所在岗位相匹配，这种柔性管理的策略正是其成功管理的精髓之所在。

这家成立于1950年的公司，始终将人才视为企业的生命线，在人才的使用上，领导层十分注重其合理性。在制定工作目标时，管理层坚持听取员工自己的意见，这种相对宽松的用人环境，使员工既能按照上级的指示办事，又能充分发挥自己的判断，也利于他们找到与自己能力相匹配的工作职位。

在三洋公司，一旦给员工安排了新的工作任务，管理人员就会迅速跟进，鼓励下属发表自己的意见，询问对方是否能够接受这项任务，与自身的工作能力是否匹配，是否存在什么难以解决的困难或问题等。这种管理模式能够充分保证每个员工都能找到适合自己的工作，能力与职务匹配了，那么，工作效率自然而然也就得到了保障。

赶鸭子上架的用人策略是行不通的，但在现实生活中，不少企业管理者对待员工往往一律都是高标准、严要求，很少考虑他们能否胜任工作，“拔苗助长”式的用人制度正是造成企业整体效率低下的一个重要原因。所以，在给下属安排工作时，一定要将其工作能力与相应的职务对等起来，只有两者实现成功对接，才能避免因员工能力不足而造成的效率低下，从而保证整个团队的高效运转。

给下属安排稍微高于其工作能力的工作，是一种变相的激励措施，但一定要把握好“度”，一旦难度系数超出了员工的承受范围，那么，他们难免会因此而丧失工作信心。对员工的目标管理不能走极端，让其能力与职务相匹配才是最为明智的管理手段。

9 实行末位淘汰制，及时清理公司里的庸才

在非洲的大草原上，生活着羚羊和狮子。每天醒来，羚羊都会想一件事：我必须跑得最快，否则，我就会被狮子吃掉。狮子也会想一件事：我必须追上跑得最慢的羚羊，不然我就会饿死。于是，大草原上每天都上演着狮子追赶羚羊的画面。这就叫“物竞天择，适者生存”，是再寻

常不过的自然法则。

大自然不需要庸才，庸才会被无情地啃食；企业也不需要庸才，庸才应该被毫不留情地淘汰。谁落后了，谁就要被踢出局。这就是被很多铁腕领导推行的末位淘汰制。

华为创立于1988年，仅用二十年的时间就迅速崛起，成为中国最大的民营企业，成为全球领先的电信解决方案供应商。仅2008年，华为的合同销售额就高达233亿美元，比2007年的销售额增长了46%，其海外营业收入占公司总营业收入的75%。

华为为什么能如此快速地发展呢？这与他采用的末位淘汰制是分不开的。公司重视培养员工的危机意识，使大家力争上游，从而推动公司不断向前发展。对于处于末位的员工，华为会将其淘汰。正是因为如此，华为才能凭借着自己的核心竞争力傲视群雄。

在华为看来，员工那种内省式的忧患意识，已经随着华为的强大日渐冲淡。所以，在华为一路高歌猛进的同时，华为总裁任正非一直不敢掉以轻心，他总是说华为还在过冬，总是用“冬天”这两个字提醒全体员工，让他们保持忧患意识，必须跑得更快，抢到更多的生意。

据说华为每年都有5%的末位淘汰指标，即处于下游的5%的员工将面临着被淘汰。这样做只是为了让员工远离懒惰，激励员工积极工作，创造更好的业绩。

或许有人认为末位淘汰制很残酷，甚至是不道德的，但是企业毕竟不是养老院，如果企业让一个人待在不适合他成长的环境里，那才是不负责任的。老板必须把忧患意识传达给员工，而末位淘汰制就是给员工制造危机感的最好方式。

当然，并不是所有的企业都适合末位淘汰制，末位淘汰制涉及到一个关键的问题，那就是考核标准，不同的岗位应有不同的考核标准。而且考核标准必须科学合理。如果标准出问题了，考核出来的结果肯定会出问题，就很容易把好员工划入末位淘汰的员工中去。有些公司所有的员工都不错，这个时候，就不必实行末位淘汰制了。

很多企业实行10%的淘汰率，但问题是，有些部门总人数都不到10人，这样该怎样淘汰呢？就算是把所有部门合并起来，比如，把财务、人力资源部、销售部等部门合在一起，勉强凑了30人，终于有3个可淘汰的名额，但问题是又该如何淘汰呢？因此，企业老板要具体问题具体分析，结合企业的现实情况设定淘汰率。

最后，在淘汰末位员工的时候，一定要按照法律程序进行，一定要遵守《劳动合同法》。企业和员工签订的劳动合同是约束双方行为的，在合同期未满前，企业与员工解除合同必须有法定的理由，否则就视为违法。所以，建议企业与员工签订一年为期限的合同，这样与每年一轮的末位淘汰制同步，从而最大限度地避免违法。

10 对自己有用的人，要舍得下血本

人才，是企业腾飞的有力翅膀。在当今社会，谁能得到优秀人才的辅佐，谁就能在激烈的竞争中杀出一条血路，打下一片江山。那么，怎样才能吸引优秀的人才，怎样才能留住优秀的人才呢？如果企业老板舍不得下血本，那结果便是“舍不得孩子套不住狼”，正所谓不舍不得，人才肯定会离开企业。

作为企业老板，一定要明白：优秀的员工为你工作，最大的愿望就是赚到更多的钱。如果员工认为自己的付出远高于公司给他的回报，他肯定会另谋高就。所以，如果你发现有用的人才，一定要舍得下血本。在优秀员工身上下血本是永远不会赔本的买卖，因为员工会更加忠于你、忠于企业，为企业的发展鞠躬尽瘁，为企业的腾飞带来滚滚

财源。

著名的红顶商人胡雪岩，在聘请得力助手周一鸣时，也是采取高薪的手法。周一鸣原本在同行的一家钱庄工作，胡雪岩去过这家钱庄几次，发现他做事认真，讲究章法。于是胡雪岩判定周一鸣是人才，决心将他收为己用。但是胡雪岩知道，周一鸣所在的钱庄给他的待遇相当不错，如果想把周一鸣吸引过来，就必须给周一鸣更高的待遇。

一开始，胡雪岩找周一鸣只是闲谈，然后问他职业生涯的规划。周一鸣说，希望今后每年挣200两银子，两三年后，把妻子和父母接到杭州城一起住。这时胡雪岩心里有底了，就把自己想让他来杭州阜康钱庄任职的想法说了出来。

胡雪岩开出怎样的条件呢？他给周一鸣每个月20两银子，一年600两银子。这远远超过周一鸣每年挣200两银子的目标。而且，胡雪岩表示，每年年终会根据钱庄的效益，给周一鸣分红。还有就是，胡雪岩先支付周一鸣一年的工资，以便周一鸣把老婆和父母接到杭州来。

胡雪岩在周一鸣身上可谓下足了本钱，当然，也深深打动了周一鸣。因此，周一鸣答应来阜康钱庄任职。后来，周一鸣在阜康钱庄表现相当出色，为胡雪岩效力了几十年。

胡雪岩是聪明、有远见的，他深知企业得到一个优秀的人才，是一本万利的买卖。所以，他不惜重金聘请周一鸣，后来，周一鸣果然为阜康钱庄带来了滚滚的财源。在这一点上，胡雪岩真是下了狠心，因为他若下不了狠心，怎么可能舍得给周一鸣高薪呢？

当然，对于刚出校门、没有经验的新人，老板们要谨用“重金留用”的策略。因为你还未发现他的才能，你不妨多观察一些时日，在这段时间内，多给新人一些具有挑战性的任务，以考验其才能。如果发现他是有用之人，也不必拘泥于他年轻、经验不足的缺点，大胆放手，让其发挥潜力才是明智之举。

最后，老板们要注意一点，重金或许可以吸引人才，也可以在一段时间内留住人才，但是如果你想让人才长期辅佐你，你就必须在高薪留人的前提下，注重培养与人才的感情，以情感人，以情留人。金钱留人和感情留人相结合，才是网罗人才最靠谱的策略。

11 给猴子一棵树，给老虎一座山

柳传志曾说过一句很有意思的话："管理的真谛就是——给猴子一棵树，给老虎一座山。"大意是为人才提供一定的条件或环境，更确切地说是给人才提供合适的岗位，使他们的能力得到最大限度的发挥。给猴子一棵树，猴子可以轻松地攀登；给老虎一座山，老虎可以自由纵横。这就是企业管理中最简单、最有效的用人智慧。

金无足赤，人无完人。在这个世界上，没有一无是处的人，也没有十全十美的人。身为管理者，要做的就是找出下属的优势、强项、长处，然后针对这些优势，赋予他一定的职责和任务，让他们的优势得到充分的发挥。这样员工工作起来就会轻松快乐，企业也能轻松获得惊人的经济效益。

在一次商界聚会上，有一位老板扬言要把手下的3个"不成材"的员工炒掉。他的大意是：张三整天吹毛求疵，李四整天杞人忧天，害怕公司出事故，王五是个话痨。这位老板的话被另一位老板无意中听到了，他莞尔一笑，说："既然你不想要这3名员工，就给我吧！"那位老板慷慨应允。第二天，那3名被"抛弃"的新人来到新公司报到，新老板给他们安排工作："张三负责质量监督和管理，李四负责保安工作，王五负责企业产品宣传和推广工作。"3人一听，欣然受命，马上兴冲冲地去工作了。

由于做自己喜欢做、擅长做的事情，这3个人的创造性得到了很好的发挥，不久，公司的效益直线上升，公司的产品质量问题骤然下降，公司的安全隐患、危机问题，也得到了很好的解决。

这位老板的做法与三国时期曹操的做法非常相似，曹操在用人时，也善于知人善任，唯才是举。曹操知道哪些人是人才，知道他们是哪方面的或哪种类型的人才，然后把他们放在最合适的位置上。比如，崔琰、毛介为人清廉正派，曹操让他们选拔官吏；枣祗、任峻任劳任怨，曹操就让他们负责屯田……正是由于曹操的知人善任，他帐下的大批谋士和猛将才能在自己最擅长的职位上为其效命。

俗话说："不怕有短，只怕无长。"每个人都有缺点，也有优势。身为领导者，应该具备一双善于发现员工优点的慧眼，还应该有一个善于包容员工缺点的心胸。当员工的某个优点能为企业带来巨大的效益时，领导者不妨忽略员工其他方面无关紧要的缺点。这样才能让员工最大限度地发挥"优势效应"。

让猴子爬树，猴子自然会爬得游刃有余，它还会把爬树当成一种享受；让老虎镇山，老虎会让整片山林太平无事。所以，不要苛求员工有这样或那样的缺点，而要重点发现员工的优势，引导员工扬长避短，把优点发挥到极致。当员工做自己擅长的事情时，他们才会获得巨大的成就感和价值感，才能为企业带来巨大的效益。

12 知人善用，是成功管理的关键

人的能力有高低好坏之分，如何用人管人对企业的领导者来说，是一项极其严格的考验。大材小用，难免挫伤员工的工作积极性，从而导致人才流失；而小材大用，又难免会引起工作上的混乱。唯有知人善用，把合适的人放到合适的位置上，才是企业发展的长远之道。

要想成功管人，首先要选对人，用好人。管理者在组建团队时，一定要根据不同岗位的需要，吸纳与之匹配的人才。了解其长处、洞察其优势，并深知其短处和不足，就能在选人用人的过程中做到扬长避短，使人才潜力最大化。

在不少管理者眼中，能够担任经理一职的人必定业务能力优秀，专业知识丰富，为人处世也相对练达。但一家玩具厂却反其道而行之，聘请了一位年仅 14 岁的小丫头担任经理顾问一职。此举迅速成为该行业的头号新闻，不少人嘲笑该玩具厂的老板："14 岁的丫头，压根不知道管理为何物，让她当经理，简直是天大的笑话。"此外，还有不少业内人认为这是明显的炒作。但实际上，该厂并非是为了制造轰动效应，此举乃是知人善任的体现。

玩具的主要使用人群是儿童，评判玩具好坏最有发言权的是儿童而非成人。该厂曾经推出过多款玩具，尽管成人觉得有趣，但孩子们并不买账。基于此，玩具厂老板经过深思熟虑，决定聘请一个熟悉各类玩具的孩子当经理顾问，这样一来，在产品设计方面就能更贴近儿童的审美，从而开发出更受他们欢迎的玩具。

事实证明，这种尝试是非常成功的。女孩担任该厂经理顾问后，尤其是在玩具的开发设计方面，提出了不少有价值的建议。经过她把关的玩具一经面世，便受到了孩子们的喜爱，玩具厂的销量也随之大幅增加，利润更是翻了一番。

一个知人善任的管理者，能够清晰地判断出，什么时候用什么样的人。世界上只有混乱的管理，绝没有无用的人才。不管是什么样的人，只要用对了地方，用对了场合，就能起到超乎想象的作用，从这个角度来看，"善任"无疑是衡量企业领导者好坏的一个重要标准。

管理的本质是管人，管人的前提则是用人。只有充分掌握了人才的特点，并结合企业自身的实际情况，才能找到最佳的用人方案，并充分拓展企业的发展空间。身为一个管理者，必须善于区分不同素质和才能的人，把他们放在相应的岗位上，人尽其才，使其各尽所能。只有这样，才能形成稳定的人才结构，从而保证企业的高效运转。

第十一章

会激励，善批评，让庸兵变将才

BIERANG
ZHIDU HUILE
NIDE TUANDUI

1 领导者的欣赏是员工进步的最大动力

我们常说："士为知己者死，女为悦己者容。"这句话出自《战国策·赵策一》，里面记述了这样一个故事：

战国时期，著名的四大刺客之一豫让，最初投奔过范氏和中行氏，但一直默默无闻，难以成名。后来，他跻身于智伯臣下，得到了智伯的充分信任和赏识，主臣关系十分亲密。正当他境遇越来越好时，智伯却不幸在攻打赵襄子时被赵襄子和韩、魏合谋而杀。智伯死后，他们3家瓜分了智伯的国土。豫让逃进了山里，发誓道：士为知己者死，女为悦己者容，我一定要为智伯报仇，以报答他的知遇之恩！于是他决定行刺赵襄子。

豫让改名换姓，潜入赵襄子后宫，但是行刺失败，被赵襄子抓住了。在受审时，豫让坦白了刺杀赵襄子的原因。赵襄子听后十分感动，决定宽容他一次。然而，被释放后的豫让不甘心，他伤身毁容，不修边幅，目的是不让别人认出自己，以便再次刺杀赵襄子。然而，第二次刺杀又以失败告终。

赵襄子十分不解地问豫让："你也曾侍奉过范氏、中行氏，为什么智伯灭了他们，你不替他们报仇，反而屈节投靠智伯。而智伯死后，你却如此替他报仇？"豫让说："范、中行氏只把我当普通的人看待，我就用普通人的态度报答他们；但是智伯把我当成国士看待，所以我就用国士的态度报答他。"

最后，豫让请求赵襄子把华服脱下来，让他用剑刺下去，以示为智伯报了仇。赵襄子答应了他这个道义上的要求，豫让刺破赵襄子的华服之后，仰天大笑起来，最后他横剑自刎。

哲人詹姆士曾经说过："人类本质中最殷切的要求是渴望被肯定。"同样，美国心理学家马斯洛的需求层级理论也表明，渴望被人肯定是人类的一种高级需求，而赏识的过程正是肯定一个人的表现。豫让屡次冒着生命危险，不惜一切代价为死去的智伯报仇，原因是智伯生前十分信任和欣赏他。由此可见，欣赏可以让人产生巨大的动力，哪怕在死亡面前，也毫不畏惧。

身为企业管理者，一定要认识到赏识对员工的巨大激励性。赏识是一种肯定，是一种关爱，是在发现员工身上的优点之后，给予真诚的认可。没有人不喜欢被赏识，员工得到领导者的赏识之后，往往会充满自信和干劲，从而竭尽全力地为公司做贡献。善于赏识员工是领导者管理智慧的体现，领导者的赏识是员工进步的最大动力，也是员工尽职尽忠为企业奉献的最大动力。

在赏识的作用下，员工的自信心与责任心能被有效地激发出来。同时，赏识可以促使员工积极地挖掘自身的潜力，不断激发各种能力，最终成为高效的员工，为企业的发展贡献更大的能量。通过发现员工身上的优点，并且放大优点，可以促使员工与自己过去的表现作比较，不断超越自我，不断改进自我。这样一来，就不容易形成内部恶性竞争，避免产生内耗。

当一个员工在领导者的赏识下工作时，每获得一些成就，都会因领导者的赏识而放大成就感，最后转化为一种"我要做得更好来回报领导"的动力。在这种情况下，当员工表现不佳时，他们往往会加倍地努力。

2 绝不把褒奖留到第二天

美国著名心理学家威廉·詹姆斯曾经说过：“人类本性中最深的企图之一是期望被赞美、钦佩、尊重。”作为企业管理者，恰当地赞美员工，不仅能让对方有一个好心情，更重要的是能够提高他们的工作积极性，所以，千万不要吝啬你的赞美，员工们有值得称赞的地方就要毫不犹豫地褒奖，也绝不能把褒奖留到第二天。

从人性角度来说，有时候一句简单的赞美，也能给人带来温馨与振奋的情感体验，所以当我们想改变他人时，为什么借助于赞美的力量呢？当然赞美也要讲究技巧与方法，如果褒奖下属的方式不对，往往就会好心办坏事，不仅没能起到褒奖的作用，反而会给对方留下虚伪的印象，如此一来就得不偿失了。

杰克·韦尔奇曾就任于一家大型公司，当时他的职位是一个有前途的工作小组的主管。在他的办公室里，有一部专用电话，方便直属的采购人员随时与他交流工作事务。在与这些采购人员谈话的过程中，韦尔奇从来都不吝啬对下属的赞美，哪怕他们在工作上的进步是极其微小的，他也会马上给予褒奖，而不会将这种褒奖留到第二天。

只要采购人员能让卖主降低价格，哪怕降低的幅度很小，也可以给韦尔奇打电话。对于采购人员打来的电话，韦尔奇是相当重视的，不管当时是在谈生意还是和秘书交谈，他都会停下手头的工作，亲自接电话，并毫不吝啬地对下属取得的成绩给予赞美，“你真是能干，居然让每吨钢铁的价格又降低了 5 分钱。”随即，他会坐下来写一封简单的贺信给这名采购员。

尽管韦尔奇褒奖员工的行动只是象征性的，而且过程也显得含糊而紊乱，但事实证明，这种褒奖的效果是显而易见的。采购部门的员工不仅工作热情高涨，而且体会到了自我价值实现的成就感，因而工作主动性也大为提高。

当下属向你汇报工作时，从内心深处是渴望得到承认与赞美的，如果管理者当时不做出任何反应，必然会令他们感到失望，即便第二天给予褒奖，也很难弥补他们精神上的失落，也很难起到鼓励对方的作用。所以，作为企业管理者，千万别把褒奖留到第二天。

3 带队伍的过程就是不断激励员工的过程

每一位领导者都希望拥有一支士气高昂、凝聚力强、战斗力强的队伍。可遗憾的是，很多领导者在带队伍的过程，一味地挥鞭策马，一味地向员工提要求，催促员工更努力地工作，却忽视了员工内在的需求，忘了激励员工。殊不知，这是一个非常严重的失误。

无论你管理的是大型的跨国集团，还是小型的企业，抑或是小作坊，不管你是注重企业利润，还是追求社会效益，作为领导者，你必须明白一点：员工是人，要吃饭，要养家糊口，他们有物质需求，有精神需求。如果你不重视他们这些方面的需求，你的团队是不可能有战斗力的。

其实说到底，带队伍的过程，就是不断激励员工的过程，如果你把员工激励得一个个斗志昂扬，员工的工作效率就会大大提升，企业的效益也就有了保障。海尔集团就十分重视用荣誉激励员工。在他们看来，荣誉是员工对企业贡献的象征，当员工获得某种荣誉时，他们的自信心会明显增强，这会使他们对企业更加充满热情，同时，体会到自我价值所在。因此，满足员工的荣誉感，可以使他们迸发出强大的能量。

海尔公司的员工的工资也许不是行业最高的，但是他们每个人都有一种自豪感。公司会给员工颁发荣誉证书，会借助荣誉墙和企业年鉴来激励员工。通过记录员工的辉煌成绩，将员工为企业的贡献载入海尔发展的史册，可以很好地激励员工的积极性。

海尔还重视以员工的名字来命名某项事物，这种做法在科学界由来已久，是对贡献者最好的纪念。比如，诺贝尔奖。同样，在企业中，为了纪念员工在某方面做出的贡献，用员工的名字来命名某项事物，对员工也会产生良好的激励效果。

除了情感激励和荣誉激励，在日常的管理中，领导者最常用、最简单有效的激励方式恐怕非表扬莫属了。当员工表现出色时，及时给他口头上的赞扬，而不是等到年末总结时再表扬，这样可以保护员工的积极性。优秀的领导者都有一双善于发现的眼睛，员工有任何出色的表现，他们都会及时发现和表扬。

也许有人要问了："有什么好表扬的？到底要表扬员工什么？"其实，员工身上值得表扬的未必一定是惊天动地的大事，况且员工干着平凡的工作，也很难有惊天动地的表现。因此，表扬员工要针对一些细微之处，比如，员工主动把地上的废纸捡起来扔进垃圾桶，这个行为就值得表扬。再比如，公司的清洁工把地打扫得很干净，这也值得表扬。

除了情感激励、荣誉激励、表扬激励之外，企业还必须拿出实实在在的物质性的奖励，用于激励员工。因为在这个物质的年代，空谈感情是无济于事的，只有在薪酬、奖励方面，最大限度地满足员工的需求，才是最根本性的激励。

4 别忘了，员工也需要以薪换心

得人才者得天下，但得到了人才，不意味着能长久地留住人才。说到留人才，我们就不得不提一个字——钱。中国有句俗话说："有钱能使鬼推磨"，尽管这句话有些俏皮，但它却能从某种程度上反映出钱对人们生活的重要性。所以，要想员工帮你创造效益、赚取利润，企业必须拿出真正的诚意，只有用"薪"才有可能换来员工的心。

不要觉得这个观点太过现实，因为社会就是这般现实的。生活需要成本，大到买房、买车、结婚、生子、赡养父母等，小到柴米油盐酱醋茶、日用生活品等，哪一样不需要钱？每个员工上班的首要目的就是赚钱，这种心理相信每个老板都能理解。如果企业无法满足员工较为合理的薪水要求，那么越是优秀的员工离开得越快。

在马斯洛需求层次理论中，物质需求处在最底层。因此，留人首先要满足员工的薪水要求，其次才是用心留人，用企业文化留人。如果企业无法满足员工物质方面的要求，即使公司文化再优秀，公司的环境再和谐，也无法留住员工们那颗迫于现实需要、不得不追求物欲的心。

2011 年，从东部沿海地区到中西部地区，"用工荒"的现象愈演愈烈，许多企业陷入招工难的困境。然而，红豆集团得益于独特的文化战略和运营战略，以不变应万变，成功绕过了"用工荒"的障碍，继续保持着效益高速增长的发展势头。

红豆集团到底靠什么吸引人才、留住人才呢？对此，我们可以从红豆集团的总裁周海江常说的一句话中找到答案："要让每一位员工分享到企业发展的成果。"周海江认为，员工是企业发展的根本，只有不断提高员工的收入，员工才会充满干劲，企业才会充满活力。

2010年，红豆集团已经两次上调员工的工资。在同年12月20日，红豆员工又收到公司“涨工资”的信息。在这一年里，红豆集团的员工工资平均涨幅高达49.6%，最高达到64%。而在2011年春节后，红豆管理层多次召开会议，讨论如何进一步提高一线员工的待遇，激发他们的工作积极性。随后，公司下发《关于熟练工年收入超4万元的规定》，文中指出：企业生产一线熟练工（学徒工、辅助工除外）年收入必须达到4万元以上。

在涨薪的同时，红豆集团还给员工股权，这是让员工分享企业发展成果的又一举措。目前，公司有600多名员工拥有集团的股权，这在全国民营企业中实属罕见，这一举措进一步激发了员工的干劲，增强了员工的归属感。

薪水是基础，当企业给予员工的薪水能够保障员工生活之后，再营造归属感，双管齐下，才能收服人心。在上面的案例中，我们看到了红豆集团在赢得员工之心方面表现出的诚意。在这种诚意的感化下，员工怎么会不卖力地工作呢？

在这个物质生活成本居高不下的时代，员工最大的渴望莫过于多赚一些钱，让自己和家人过上好的生活。因此，企业最应该做的，就是想方设法地满足员工的薪水要求，用“薪”换员工的“心”。要记住一句话：重赏之下，必有勇夫。如果你舍不得下本留人才，企业就不可能有美好的未来。

5 一个响亮的头衔会让他把工作干得更好

中国人讲究“师出有名”，正当的理由、公认的头衔会在最大限度上满足当事人的被尊重心理，以及那点虚荣心，因此成为默认的心理认同法则。领导人在安排任务的时候，或者让员工负责某一方面的工作，不妨借用这个法则，给他们一个响亮的头衔，从而鼓舞其卖力干活。为了收到良好的效果，还要注意当着众人的面，在正式的场合，公布你的决定，这样不但能起到宣传的效果，还能让接收头衔的人获得莫大的感动，从而激发出前所未有的工作激情。

对于企业管理者来说，合理的运用虚名并不是一件坏事，反而迎合了下属“归属感”“荣誉感”以及“存在感”的心理需求。人是群体性动物，需要周遭社会的接纳和认可，这种认可度越高，就越能激发其自信和责任感。所以，管理者要学会给员工戴上耀眼的光环。

杰克是美国一家大型工厂的经理，最近这段时间以来，每当他上下班进出工厂大门时，总是会听到门卫的抱怨。

“经理，什么时候能涨点工资？你看，我每天要管这么多人，还有很多车辆，忙忙碌碌，结果到月底才那么点薪水，实在是太低了，昨天旁边工厂的哥们还在向我炫耀他的高工资呢……”迫于门卫准备辞职的压力，他不得不批准了该名员工的加薪要求。

本以为加薪能够让下属停止抱怨，从此安心认真地工作。谁知道仅仅过去两个月，他又动起辞职的打算。面对不尽如人意的局面，作为经理，杰克不得不另寻办法来稳住门卫的工作情绪。

一周后，杰克给了门卫一个响亮的头衔——防卫工程师，尽管只是一个虚名，但出乎意料地激发了门卫的工作热情，其工作态度更是发生了翻天覆地的变化，从一开始的抱怨不满，到后来的一丝不苟。可见，一个不需要增加任何成本的漂亮头衔，远比加薪有效。

管理者在激发下属工作积极性时，绝不能只盯着“金钱”。激励的方式有很多种，单纯的物质奖励所起到的效果是不持久的，而且还会增加企业人力成本。不管是从企业员工的心理需求而言，还是出于降低企业成本的目的，给员工一个响亮的头衔都是最佳的激励方案。

无论下属的工作对整个企业是否重要，他们都希望得到足够多的重视。相关数据表明，“虚名”对员工的激励作用显而易见，其效果等同于增加了10%的薪水。所以，管理者要学会恰当地使用虚名，并学会借此来提高下属的工作积极性。

6 把握好激励员工的“生命周期”

“一家公司的好坏取决于公司的人才，而人才的能量释放多少则取决于绩效管理。”如今，越来越多的企业管理者开始注重对员工的激励，但能够切实把握好激励周期的领导者却并不多见。

美国著名市场调查研究公司的Gartner预测：截止到2005年，美国只有40%的企业采用了绩效管理的手段。中国经济尽管发展快，但起步晚，企业管理方面也比较欠缺，因此绝大多数企业领导层，未能制定一个具有长期激励效果的人事制度。

随着时间的延续，原来的业务骨干渐渐成了离退休人员，曾经的“新人”早已经独当一面，如果管理者不懂得适当调整人事制度，势必会挫伤后起之秀的工作积极性，从而导致公司员工的断层。所以，作为一个优秀的企业领导人，一定要把握好激励员工的“生命周期”。

国泰人寿的蔡宏图在掌控人事制度上颇有见地，随着国泰的不断发展，他准确把握住了员工的“生命周期”，从而恰到好处地对公司的人事制度进行了调整，这一举措，为国泰人寿的发展扫除了不少障碍。

早期，国泰人寿采用日本的人事管理模式，大家一个个排队坐等升迁就可以，然而随着企业的快速发展，论资排辈式管理的缺陷便暴露了出来，最为突出的就是人员结构老龄化，急需年轻人员加入。但论资排辈式的升迁制度限制了年轻人的发展，因此形成了两大难：一是招聘年轻员工难，二是年轻员工升职加薪难。

为了改变这一现状，蔡宏图大刀阔斧地进行了人事改革，对涉及人员升迁以及奖励考评等都进行了周期性调整。改革过后，人员的薪资水平和晋升全部取决于“绩效导向”，奖金以及加薪升职的激励行为更加透明化，此举措让这些后起之秀看到了希望，大大激发了他们的工作积极性。

企业要想发展，必须及时补充新鲜血液。企业管理者必须处理好人事制度的变迁和改革，一味地偏袒新员工，容易让老员工心寒；但一味纵容老员工，不给新员工加薪升职空间，则势必会打击他们的工作积极性。因此，处理好新老员工的交替工作，则显得异常重要。

不同的企业，员工的“生命周期”也会有所差异。企业管理者要善于从本行业出发，结合本公司的具体人事制度以及现存的激励机制问题，制定出有针对性的调整对策，只有这样，才能真正做好公司全员的激励工作，把新老员工紧密地团结在一起，真正实现做大做强的目标。

7 惩罚不是目的，打完巴掌，甜枣要跟上

俗话说：“扇一个巴掌给两颗枣。”在非扇巴掌不可的情况下，那就果断地扇巴掌吧。不过，当你扇了人家一个巴掌之后，肯定会给人造成疼痛和伤痕，这时你应该学会安抚，给他两颗甜枣，弥补一下他内心的伤痛，抚慰他受伤的心灵。

“扇一个巴掌给两颗枣”只是一个形象化的比喻，说的是在企业中，领导者批评、责备下属之后，有必要放下身段“哄哄”下属，给他一点小小的安慰，让他感受到你的仁慈和大度，从而促使他虚心、诚恳地改正错误。这样就能产生事半功倍的管理效果。

后藤清一年轻时，曾担任三洋机电公司的副董事长，后来他进入松下电器任职。有一次，他犯了一个错误惹恼了松下幸之助，松下幸之助把他叫到办公室，对着他气急败坏地大发雷霆，把后藤清一骂得狗血喷头，还拿着一只火钳死命往桌子上拍击。

松下幸之助发泄完之后，后藤清一准备离去，忽然听见松下幸之助说："等等，刚才我太生气了，不小心将这火钳弄弯了，麻烦你费点力，帮我弄直好吗?"后藤清一非常无奈，只好拿着火钳拼命地敲打，在这个敲打的过程中，他的心情也渐渐归于平静。当他把敲直的火钳交给松下幸之助时，松下幸之助说："嗯，真不错，比原来的还好，你真不错。"

后藤清一走出松下幸之助的办公室后，松下悄悄给后藤清一的老婆打了一通电话："今天你先生回家，脸色一定很难看，请你好好照顾他。"后藤清一挨了松下幸之助一顿臭骂之后，原本打算辞职不干了，但当他得知松下幸之助的做法后，反而对松下幸之助产生了佩服和敬意，于是决心继续效忠于他，而且要干得更好。

批评、责骂下属之后，又用题外话来称赞下属，通过其他方式关心下属，这种"打一个巴掌给两颗甜枣"的做法，是松下幸之助管理中的高明之处。他认为，在管理上宽严得体十分重要。在原则和条规面前，应该寸步不让，严格对待。比如，员工违反了公司条规，领导者就应该严惩不贷，绝不姑息。

但是，在痛斥下属之后，有必要及时补充一句安慰或鼓励的话。因为人在遭受斥责之后，很容易垂头丧气，甚至对自己失去信心，心中难免会想：我在领导心目中没有好印象了，我在这家公司没有希望获得晋升了。这样一来，就可能造成员工自暴自弃，甚至产生辞职的念头。

所以，高明的管理者懂得在批评员工之后，及时用一两句温馨的话语安慰员工，或在事后向下属表示：我是重视你、看你有前途，觉得你是可造之材，才会骂你。被斥责的下属听了这样的话，必然会深深体会到领导"爱之深，责之切"的心理，从而更加发奋图强。

8 “千里马”不能用重鞭，冷落也要有个度

借助“冷暴力”来惩戒犯错的员工，不可否认，能起到督促对方反省的作用，但凡事都要有个“度”，如果失了分寸，很可能会造成人才流失。越是“千里马”，越是不能用重鞭，一般来说，优秀人才自尊心更强，他们忍受不了领导的疏远和同事们的冷言冷语，所以给个教训即可，切不可冷落过头。

在公司内部，管理者往往拥有至高无上的人事任免权，只要是他们赏识的下属，便能直接提拔到重要岗位，但很少有人会这样做。实际上，越是优秀的人才，越是需要磨炼，如果直接把他们放到重要岗位，反而不利于他们的成长与发展。

对于赏识的下属，管理者要权衡利弊，并针对其具体情况制定出适当的磨炼期。短则难以磨成器，长则会让对方失了耐心。小丁是一家公司的人事主管，为了从众多员工中选出一位高层管理人员，他可是费了不少心思。

经过一段时间的观察，他发现有一个员工很有潜质，于是，他就把这位员工分配到了销售科，让他用出色的销售业绩证明自己，很快，该员工就凭借惊人的业绩升任销售科长。在管理职位上，这位员工依然出色，不仅让销售额逐月上升，在下属和领导眼中更是有口皆碑，但令人不解的是，在没犯任何错误的情况下，小丁却把他借调到了无关紧要的仓储部门。

没人知道这位年轻的销售科长为什么会被冷落，连他自己也是一头雾水，尽管失落，但他还是任劳任怨，坚持做好本职工作。时间一天一

天地过去了，但却见不到一点起色，这时恰逢一家大型企业招聘销售经理，抱着试试看的心态他投了简历，谁知对方董事长竟然亲自打电话表示欢迎他加入。

递交辞职材料的那一刻，小丁直言这长达一年的冷落是为了锻炼对方，以便能够胜任更为重要的管理工作，但对方离心已定，尽管小丁表示可以立即给对方调换岗位，但还是没能留住这位优秀员工。

暂时的冷落可以考察下属的德性和韧性，但这种冷落一旦过了度，就会演变成不可挽回的悲剧。著名诗人歌德曾经说过，“只有两条路可以通往远大的目标，得以完成伟大的事业，即力量与坚忍。”但人的坚忍是有限度的，即便是意志坚定的人，也无法接受长时间冷落。

不在沉默中灭亡就在沉默中爆发。事实证明，过度冷落只会让那些优秀人才破釜沉舟，义无反顾地选择辞职。所以，管理者在考量优秀人才时，一定要把握好“度”，切不可因为过度冷落，伤害他们的工作热情。

9 递进式处罚比一棒子打死更有效

作为企业负责人，训斥员工在所难免，但并不是所有员工都需要批评，有时候委婉地提醒，比“一棒子打死”更能让员工意识到自己的错误。不少管理者一看到下属犯错，便不分青红皂白地一顿批评，殊不知这种“快刀斩乱麻”的做法，对员工而言并不适用。

批评或处罚员工的目的在于督促其改正错误。管理者在处罚员工时，一定要考虑到员工的接受度。你在下属面前义愤填膺，但并不见得能说到他们心里去，盲目的批评和处罚，只会把员工推向你的对立面，所以不妨试着把“处罚单”改成“改进单”。

人非圣贤，孰能无过？即便是管理者自己也会犯错。既然损失已经造成，发火再大，批评再严厉，又有什么用呢？

后滕清一算得上是松下的左膀右臂，他曾经担任过其中一家工厂的厂长，在他任职期间，工厂不幸失火烧掉了。面对如此重大的事故，后滕清一非常惶恐，以为自己不被革职也要降级。谁知松下接到报告后并没有对他做出严厉处罚，只是淡淡地对他说了4个字："好好干吧！"

松下之所以这样做，并不是姑息部下犯错，换作以往，即使是打电话的方式不当，松下也会对其严厉斥责，严格要求下属是松下的一贯作风。然而这次火灾发生后，松下却法外开恩地没有做任何处罚，对此，后滕心里充满了愧疚，所以对松下越发忠心，并以自己加倍的工作来回报上司的信任与宽容。

递进式惩罚远远比一棒子打死更有效，事实上，越是有过错的人，越需要一个重新证明自己的机会。这时，如果管理者的处罚过重，只会令他们沮丧，反之，如果能给他们一个改正错误的机会，他们一定会比以往更加积极。

下属如果捅了娄子，先不要忙着训斥，不妨给他一个"戴罪立功"的机会。事实证明，这种步步推后的处罚方式，比疾风暴雨式的批评更能激发员工们的心情。更重要的是，管理者对待下属的宽容态度，反而能令他们心生感激，从而更加衷心地为企业工作。

10 "胡萝卜加大棒"，让下属自己认错

世界上每天都在诞生新的管理理论，但是无论什么样的管理理论，都是按照人的心理思维方式和行为方式来制定的。上千年来，人们的思

维模式和行事方式几乎没有特别大的变化，许多一成不变的管理方式到现在还留存着，比如说“胡萝卜加大棒”。

该理论的原型，出自美国总统老罗斯福在1901年的一次演说：“手持大棒口如蜜，走遍天涯不着急。”这个定理教导我们在管理的时候要刚柔并济、恩威并施，才能达到最好的管理效果。一味地奖励让人懒惰，一味地惩罚让人畏惧，这都不是现代企业制度应有的特征。

尤其要强调一点，这个理论适用于管理的各个层面，但是对员工所犯错误的处理上，正确运用“胡萝卜加大棒”往往会得到事半功倍的效果。所以在实际操作中，不妨一试，也许会收到意想不到的效果。

小张一直对公司领导不满意，觉得他小题大做，一点点小事在他眼里都会变得极其严重，人又啰唆，什么事都说起来没完。无论什么事只知道扣钱、扣绩效，别的什么也不会。

后来公司人事调整，原来的领导被调走了，换来一个新领导。小张心想，天下乌鸦不都一般黑嘛，也无非还是那一套罢了。果然，由于工作中的一个失误，新领导把小张叫进办公室严厉地训斥了一番，告诉他这个错误可能导致的严重后果，结束的时候还扣了小张500元钱。小张心想，果然还是一个这样的领导，而且比上一个还黑，以前那个只扣了200元。

谁料想，过了几天，新领导主动询问其小张的工作进度，并且对他做得好的地方予以了肯定，又表扬了小张知错能改的态度。小张觉得很欣喜，似乎要发生什么变化。

月末小张查询工资卡，惊奇地发现多了300元。一打听，这是领导给他的奖金。小张大吃一惊，觉得这是不可能的事，但是卡上的数字告诉他：这不是做梦。慢慢地，小张变得越来越细致，开始认真反思自己的工作情况，及时进行工作总结，及时汇报，及时检讨自己。就这样，小张的工作做得越来越顺利，收入也越来越多。

这是一个典型的例子。同样是一种惩罚的手段，换成恩威并施的方式，就能让下属虚心接受，自我检讨。他们只是没有说出来，但心里一定相当明白。

真正聪明的领导者一定是太极高手，起手一个“揽雀尾”，左阴右阳。无论是什么样的下属，什么样的事件，都能轻松搞定。有道是“文武之道，一张一弛”，只有一手拿着令人恐惧的大棒，一手拿着让人神往的胡萝卜，才能在职场这个万军丛中往来冲突，纵横捭阖。

拿破仑曾经说：“我有时像狮子，有时像绵羊。我的全部成功秘密在于：我知道什么时候我应当是前者，什么时候是后者。”

11 批评时要力争做到心平气和

“王皓你就是懦弱、胆怯！你应该好好总结一下，为什么总是在这样的时候不堪一击……”国家乒乓球队总教练刘国梁劈头盖脸地怒骂中国乒乓球队队员王皓，这一幕发生在比赛之后，而且被电视直播出来，全国人民都看到了。

在总教练如此猛烈、毫不留情的批评声中，全场16名中国球员大气不敢出一声，王皓更是一脸惶恐。这样的批评是否有效呢？王皓在被批评时是怎样一种心情呢？这一幕让人忍不住联想到在公司中，员工遭到了老板或上司的猛烈批评，例如：“你怎么办事的！不会看清楚了再拿来？”“你到底长脑子了吗？”“跟你说了多少遍，怎么还不知道？”“再干不好就给我滚蛋”……

大部分管理者认为，员工犯了错误，领导者当然会生气，批评员工是天经地义、无可辩驳的。因此，在员工犯错之后，上司带着情绪化批评员工，我们将此理解为一种自然的反应，因为老板或上司的职位赋予了批评员工的权力。

但是有调查表明，在企业管理界，源于管理者的批评是员工产生挫折感的主要或直接原因。美国职业经理人施考伯曾说过：“世界上极易扼杀一个人雄心的，就是上司的批评。”要想避免扼杀员工的雄心，管理者在批评员工之前应该先管理好自己的情绪，努力做到心平气和地批评员工。

有专家总结过，情商高的管理者在批评员工时，有四个共同的特点。第一个特点是就事论事。当员工表现不佳时，他们往往先把事实讲清楚，比如：“今天上班，你为什么迟到了半个小时呢？”而不是说：“你到底在搞什么？怎么上班迟到了？”因为这样的批评不是就事论事，容易让员工误以为管理者讨厌自己，会给员工带去消极的影响和打击。

第二个特点是明确地告诉员工自己的感受，他们会明确地对员工说：“这件事你没有办好，我觉得很失望。”

第三个特点是给员工一个明确的目标，希望员工努力达到。当员工上班迟到了，他们会说：“我希望你以后可以准时上班。”而不是说：“以后不准再迟到了。”

第四个特点是动之以情地说服员工做事。比如，他们会说：“我希望你以后准时上班，这样我们相处得会更融洽，对公司管理也有好处。”或者诱之以利地说：“我希望你以后准时上班，这样你才有全职奖金。”

如果你能做到上面四点，那么你在批评员工时，就容易做到心平气和了，这样所取得的批评效果往往会如你所愿，员工会更加敬重你。

有个成语叫“法不责众”，字面意思是指当某项行为具有一定的群体性或普遍性时，即使该行为含有某种不合法或不合理因素，法律对其也难以惩戒。“法不责众”是一个制定法律的原则，制定法律的根本目的是为了让人们不去违法，而不是等有人违法后，再去惩罚。因此，如果某项法令大多数人做不到，说明这项法令本身有问题，需要修改。要知道，惩罚只是针对少数人的，而不是针对大多数人。

同样的道理，在管理中，当大多数人都犯错时，管理者也有必要遵循“法不责众”的批评或惩罚原则。因为如果你批评大多数人，大家会觉得无所谓，他们会想：反正领导批评的不是我一个人，因此他们会表现得不屑一顾。这时如果你多说几句，他们会觉得你唠叨，吹毛求疵，十分讨厌，说不定还可能引发众怒。面对这种情况时，你该怎么办呢？下面就举个例子：

一家公司的总经理召开工作会议，当他来到会议室时，发现只有人力资源部主任准时到达会场，而其他人全部迟到，迟到时间从 15 分钟到 50 分钟不等。总经理大为恼火，但没有批评大多数的迟到者，而是当场表扬了人力资源部的主任，赞扬他态度积极，守时守信，结果，其他人都面带愧色，感觉开会迟到了不应该。

这位总经理的做法是十分高明的，因为如果他批评那些迟到者，肯定有人会找理由，也许他们中的某些人有正当理由。因此，不分青红皂白地全部批评，会引起有正当理由者的公然申辩。而一旦有人申辩，其他人没有理由，也会找理由争辩。这样一来，把大多数人都得罪了。所以，不去批评大多数，而是选择赞扬少数人，才是最佳的选择。因为表扬好的行为，也意味着暗示不好的行为，这样既不得罪大多数人，但又打痛了他们的脸，让他们有口难辩，只能暗自惭愧。

12 激励员工的五项原则

众所周知，假如一个企业人心涣散，其发展必不会长久。对此，作为老板往往负有一定的责任。他们常常认为：人才之所以流失、人心之所以不齐的重要原因是技术落后、发展不利。其实，问题的根源在于激励不当，或者激励缺失。

有人这样评价沃尔玛强大的向心力：“沃尔玛公司的迅速崛起，主要取决于沃尔玛内部的团结与和睦。沃尔玛的员工聚在一起，就像喷发的火山一样，气势非常凶猛。”毋庸置疑，有效的激励是保证员工工作热情和工作态度的核心要素。那么作为企业的老板，又该如何激励自己的员工、增强团队向心力呢？归纳起来，大致有以下五项原则：

第一，营造归属感，收服人心。毫无疑问，任何时候薪水都是员工奋斗的基础，在满足员工薪水要求、保障员工基本生活的同时，在公司内部积极地为员工营造一种归属感，让他们感受到集体的温暖。试问：在如此有诚意的感化下，员工又怎么会不卖力地工作呢？

有很多企业，薪酬与同类型企业相比并不具有竞争力。但是较高的薪酬仅仅只是企业留住人才的必要条件之一，愉快的工作氛围、强烈的归属感，才是让员工紧紧围绕在企业周围的真正原因。一旦员工缺乏职业愿景，没有长远的职业规划，而且没有把心思和精力用在工作上，表现出懒散、敷衍的不良习气，就说明企业内部的问题已经很严重了。

第二，通过内部联欢、轻松对话的方式，增强员工的认同感。一个优秀的企业，往往能营造出一种健康的人文环境，在员工和企业之间建立起一种互动相依的关系。员工们只有对企业产生认同感和归属感，才能对企业和生产工作担负起一定的责任。而当个人利益与企业利益相冲突时，他们才能顾全大局，坚定不移地和企业站在同一条战壕里。

第三，福利到位，解决员工的后顾之忧。影响人才流动的因素有很多，生活保障是最为重要的因素之一。住房、医疗、子女教育方面的保障，不仅能使员工感受到企业给予的温暖，还能增强员工对企业的依赖性。可见，仅仅提高员工对福利待遇的满意度还不够，还要保证福利分配的公正性、合理性和激励性。

第四，注重企业文化建设，让员工与企业同呼吸。

作为老板，如果能够从“以人为本”的角度出发进行管理，又怎么会失信于员工呢？只有发自内心地尊重、信任和关心每个员工，才能让员工们更有责任感、主动地做好本职工作。首先，可以为员工提供一个发表意见、交流心声的园地。例如办一个内刊，或是多开交流会议，让领导和员工共聚一堂，总结过去的经验，规划未来的发展。最好让所有的员工集体参加，让他们将自己真实的想法坦诚地表达出来，使老板能真实地把握员工的心理动向，从而寻找管理上的差距，加强对员工的人性化管理。

第五，升职激励，给员工提供广阔的个人发展空间。许多员工都希望能有一个充分施展自己才能的机会，让他们发挥自己的主动性和创造性，获得老板和同事的认可。如果公司愿意给员工搭梯子，在适当的时候提升他们的职位，使员工的个人能力和素质随着公司的发展而成长，那么公司与员工的相互认同感就会越来越强。

第十二章

制度管人必须跨越的误区

1 事必躬亲的人，没有当领导的命

我们常说一个人是“劳碌命”，是说一个人一生都在奔波操劳中度过，没有歇脚的时候。很多公司的领导，尤其是小公司的领导，每天都在忙碌中度过。财务要管，培训要管，业务也要管。这样直接结果就是精力的不足。现在有关“过劳死”的报道越来越多，不能不引起我们的重视。

当企业规模还小、刚开始筹办全新业务的时候，领导一定要身先士卒，领导是演员，是明星，作用就是带动气氛。但是当公司上了一定规模以后，一定不能够再事必躬亲。原因有二，一是精力不够，二是不能够很好地放权。

有道是“诸葛一生唯谨慎”，史书上记载，凡是超过杖责三十的刑罚诸葛亮都会亲自过问。虽然这种方式能使大部分事务妥善处理，但也透支了诸葛亮的生命。反观曹操和司马懿都比诸葛亮要长寿，其中一个重要原因，就是他们能够放权，不操心那么多具体事。

放权，就是要求公司高层领导人，要按照岗位责任制的规范充分放权，通过放权来给下级施加压力，同时增添动力，通过充分发挥下属的工作积极性来提高工作效能。在管理实践中，我们常常看到一名高层尽管事必躬亲，每天忙得团团转，但管理效率仍然十分低下，这就是没有放好手中的权力。

作为领导者不敢放权，最核心的原因是信任，授权人的信任和受权人的能力难以得到统一。放权，本质是决策的变化，表现调用资源的权利。领导只有在确信下属的能力可以用好、用对这些资源之后，才能做到真正地充分放权。而有的领导担心放权之后会带来不利影响。韩非子说："下君尽己之能，中君尽人之力，上君尽人之智。"敢于放权并善于放权，既是一个管理者成熟的表现，又是一个管理者取得成就的基础和条件。还有一种可能是不会放权。有的领导认为缺乏管理人才，或者说不敢太快使用人才。这个问题矛盾的核心就是授权机制，没有制度来保证权力在下放的同时，能得到足够的制约。

但是不管是什么原因，不能把手里的权力下放一定会给人造成贪恋权位，打压新人的印象。久而久之带来的是团队的一种不信任，团队之间没有了信任是很可怕的，同时还会导致怨言。

让自己清闲下来，不是为了享受，而是给心灵思索的空间，让自己站在局外，用更高的视角来观察、来思考。《公司改组》一书的作者戈登·唐纳森说："权力下放不等于放弃权力，管理不是放任自流，听之任之。当好总经理是一门学问，也是一门艺术。"让自己轻松下来，对自己，对公司，都是好的。

2 玩弄手腕，终究会失信于人

生活中，总是不缺"聪明人"：他们好耍小聪明，喜欢从自己的心计中得利。其实玩弄手腕者，最终都大多失信于人。这样的人也许可以一时欺骗蒙哄某些年幼无经验者，可以得利于一时，赚到一笔。可是第二次或第三次，一旦被识破，别人就不会再相信你了。

玩弄手腕其实就是用他人对自己的信任来获取利益，是一种极其卑微的行为。但在企业中，总有一些员工始终不满于自己的所得，他们渴望被重视，又不知如何采用直接的方法去得到重视，于是只好采用不适当的、甚至欺骗的行为去满足这一需求。他们用迷惑、哄骗或者虚与委蛇的方法获得关注和存在感，或者是以在同事间挑起事端为快，以此作为报复或反抗的表现。不管他们以什么方式展开这些行为，最终都会使企业的其他员工感到厌烦。

潘丽是办公室的组长，属于“惹不起”的人物，倒不是她有多厉害，权力有多大，只是她长了一张会搬弄是非的嘴。谁要是惹她不高兴，她就去领导面前说三道四。大家都很烦她，她却觉得自己地位很高，谁也不敢招惹她。对待同事，她也是经常指来喝去，一会儿让这个帮她处理文件，一会儿让那个帮她送个快递。她还总是跟人换班，说之后会替别人顶班，但是过后，再也不见她提起换班的事。大家知道她是个什么样的人，也就不去计较。

一次她又中途脱岗，恰巧赶上领导来检查，她的缺岗让领导很不满意。她事后赶紧向领导解释是自己孩子生病了，急着去医院没来得及请假。其实领导心知肚明，也没有说破。只是后来人事变动的时候，潘丽被调到了仓库，办公室从此便没有她的位置了。

同事之间存在竞争是好事，但是这种竞争应当建立在追求工作成绩、处理好上下级关系上，而不是钩心斗角。事实上，当你试图去摸清别人底细的时候，你也正在暴露自己的底细和意图，这是一种扭曲的竞争意识。没有人愿意被刺探、被揣摩，这是人之天性。要弄手腕的人，往往不会注意自己为人处世的方式和分寸，面对纠纷的时候，往往不想着如何化解纠纷，而只知道如何利用纠纷为自己谋利。这些做法，无疑会让人心生厌恶。

每一个上位者都是从下面上来的，小伎俩是瞒不过别人的。一个谎言说了出来，往往需要更多的谎言去解释。但是真相就是真相，要知道，纸永远包不住火。

3 好话和坏话都要讲在当面

生活中，你是否见过这样的事情：亲兄弟合伙做生意，从一穷二白的时候做起，一步步把生意做起来。当生意做大时，也往往意味着兄弟分道扬镳，甚至反目成仇。为什么？因为牵涉到利益，当初两人没有把利益分配和经营模式说清楚，事成之后，两人各有各的想法，于是纠纷就产生了。

前不久，江西卫视《金牌调解》中讲了这样一个案例：哥哥创业，让弟弟和弟媳来帮忙。平时不给他们发工资，他们需要钱，哥哥就给。后来，哥哥开分公司，让弟弟去全权管理。若干年后，嫂嫂忍无可忍，要求弟弟还钱，因为弟弟把分公司的经营收入都揣到自己的腰包。弟弟表示不欠哥哥的钱，相反，他认为那家分公司属于自己的。最后矛盾不可调和，只好借助《金牌调解》栏目来解决纠纷。

为什么会出现纠纷呢？因为当初哥哥与弟弟没有把该说的说清楚，他让弟弟、弟媳来帮忙，没有说明工资待遇，也没有记录他们从公司拿的资金开支；当初让弟弟全权管理分公司，哥哥也没有说清楚："那只是让弟弟帮自己打理分公司。"否则，弟弟就不会认为那家分公司是自己的。当嫂嫂要求弟弟还钱时，弟弟却要求哥哥支付他们为其打工的工资，如此搅作一团，说不清也道不明，让人真的很纠结。

其实，在企业管理中，因没有把该说的说清楚而导致企业陷入混乱的事情也有很多。比如，曹老板和小严是好朋友，他多次邀请小严加入自己的公司，言语之中对他充满了赏识，但就是不提工资待遇。小严受到赏识，心情激动，碍于颜面，也不好意思问待遇。小严和自己的一位朋友说："我想老曹给我的月薪肯定不低于5000。"结果小严辞去现有的工作，兴致勃勃地进入曹老板的公司，曹老板却对他说："我给你的月薪是4000元。"小严愤然离去，结果两人朋友也没得做了。

好话和坏话都没有说在前头，导致彼此期望有差距，影响了两人的朋友关系，这就是曹老板的失误。如果曹老板当初明确地说："我给你的基本工资为4000元，你每个月要完成多少工作量，如果完不成，相应地要扣多少，如果超出了月工作量，按什么标准奖励。"把奖罚都说清楚，好话坏说都说在前头，就不会出现后来的矛盾。

在管理中，最忌讳沟通不畅，把好话坏话都说在前头，为的就是把事情沟通清楚，让彼此心明如镜，也是为了给对方一些心理准备，对未来可能会发生的事情作出预测，使得在面对今后发生的问题时，有一个解决的标准。这样才不容易造成误解和纠纷。

4 忽略鸡毛蒜皮的事

管理者每天都要面对一大堆大大小小的事情，有些事情很重要，有些事情不重要，有些事情很紧急，有些事情不紧急。对于这些不同类型的事情，管理者如果不能进行科学地统筹安排，而是眉毛胡子一把抓，往往就会把自己搞得手忙脚乱，最后还会把事情办得一团糟。聪明的做法是，忽略鸡毛蒜皮的小事，把精力放在大事、要事、紧急的事情上。这样才能提高工作效率。

某广告公司的业务主管的办公桌上，每天都有堆积如山的文件，他经常被这些工作压得透不过气来。自从参加了一堂有关管理的培训课后，他学会了统筹安排自己的工作，学会了分析工作的重要性。回到岗位之后，他马上对自己的工作进行归类。

首先，从那些文件中找出重要且紧急的文件，第一时间批阅。对于其他的文件，他一一分配给下属，让下属自己去处理。其次，他养成了每天上班时做计划的习惯，这个计划也许写在纸上，也许留在大脑里，即每天给自己定一个目标：今天我要完成哪些工作，先做什么，后做什么。有了清晰的计划之后，他每天都能按部就班地工作，再也没有慌乱的现象，也不会像以前一样遗漏重要的工作，而且他还有充裕的时间去做新计划的推广工作。

管理培训专家余世维曾经说过：“做一个管理者，不要花太多时间在小问题上，要多花时间在目标上。如果一个主管把精力放在小问题上，就会忘记自己的目标，会丧失创造力，或者至少会逐渐枯竭。很多主管好像很忙，其实常常都是空忙，他们每天花 90% 的时间去做对公司只有 10% 的贡献，这种缺乏效率的一个主要原因是他们只注意小处。”

余世维的话告诉我们，做事要懂得取舍，做事要看大原则，要把握大方向，要把主要精力放在“大事”上面，比如，制定战略决策，研究产品的市场潜力，分析市场，管理员工等等。如果做好了这些大事，还有空闲时间，可以再去做那些相对不那么重要的小事。

5 权威不等于纪律

一位资深老教师向几位年轻的新教师传授教学管理经验时说：“三分教，七分管，教得再好，管不住学生，学生的学习效果一样不好，管好学生是教学成功的关键所在。你们对学生可以时刻保持微笑，可以与学生在课余时间打成一片，但是如果学生不好好学习、课堂上捣乱，你一定要严惩不贷，这样对其他学生能够起到警醒作用，对管好班级很有帮助。”

其实，管理班级、管理学生与管理企业、管理员工的道理是一样的，管理者有权威、有威信、有影响力是好事，管理者与员工打成一片，与员工关系和谐，在大家心目中是个很好相处的人也是好事，但这一切都不能替代公司制度的作用。因为制度是制度，权威是权威，员工不会因为你有权威，就自觉地管好自己，更不会因为你好相处，而认真地遵守制度。

陈希是一家健身器材公司的技术部经理，有一次，他见客户的时候，从客户那里得知自己的部门中有两名下属拉私活。回到公司后，陈希将那两位下属叫到办公室，开门见山指出下属的错误行为。两名下属也没有狡辩，乖乖地承认了自己的行为。但他们并没有慌张，而是笑嘻嘻地对陈希说：“陈总，我们知道这样做不对，你原谅我们吧，以后我们不会再犯这样的错误了。”

陈希非常生气，因为平日里这两位下属与他的关系很好，经常下班后一起喝酒、吃饭，有时候周末还一起出来玩。由于陈希能力突出，为人正直且非常敬业，因此，深得两名下属的仰慕。加之陈希年纪比这两位下属大，因此，他们都把陈希当成大哥，平时对他特别尊敬。令陈希无法接受的是，一直以来对自己心服口服、言听计从的下属，居然做出违反公司制度的事情。

经过一天的思考，陈希最终决定将此事上报给公司领导。结果，公司扣除那两名下属的当月奖金。之后，陈希主动找到两名下属，对他们说：“虽然我们关系很好，但是在公司里，我有责任维护制度的权威，你们的行为是公司不允许的，如果我替你们隐瞒，那就有监督不力之责。作为兄弟，你们应该支持我的工作……”

从这个案例中我们可以发现，管理者的权威性再高，也难保员工不违反制度。因此，管理者在处理下属的违纪事件时，千万不能为了维护自己在员工心目中的形象和好感，而包庇员工的错误，对员工违反制度的行为视而不见。否则，不但亵渎了公司制度，还会影响自己的权威，倒是正直地处理员工的违纪行为，更容易赢得员工的敬重。

聪明的管理者，无论自己有多大的威信，无论自己在员工心目中多么有影响力，都不能对制度监督掉以轻心。在发现员工违反制度的行为之后，要严格按照制度处理，绝不能姑息纵容。这样才能保证公司井然有序地发展下去。

6 只奖不罚，只能让更多人不满

追求轻松、规避痛苦是人的本能，也是工作的动力之源。因此，现代管理制度分别引入了奖励和惩罚两种手段，希望能达到一种综合管理的效果。奖励是一种激励性的、正面的力量，惩罚是一种约束性力量，在奖励和惩罚之间的地带，是管理者发挥自己的头脑，展现自己魅力的舞台。

但是，由于现在我们越来越注重“人性化”，在“柔性管理”的大背景下，一些企业管理者过分强调了“柔”而忽视了“刚”，他们只记得重视运用奖励制度，冷落了惩罚制度。具体表现在，相对于奖励制度而言，他们手中惩罚制度运用的数量、方式和力度，都相形见绌，有的甚至将惩罚制度变成了一纸空文。这种主动放弃惩罚的做法，实质上是一支管理上的毒剂，日积月累下来危害甚大。

一个团队如果少了惩罚，那么团队赖以生存的纪律性、团结性以及执行力将大打折扣。

浙江台州有一家民营企业，成立之初，和许多民营公司一样，公司的成员多是老板的亲戚。在创业初期，一般都是采用激励的方法，或是用经济手段，或者是表扬。对于迟到早退这样的问题，一般都是睁一眼闭一眼。

但是很快，这种处理方式的弊端就逐渐开始显现。由于公司规模扩大，不得不雇佣员工，而新员工和老员工在对公司制度的执行上，显然是两个标准。老员工消极对待公司制度，依旧沿用初期的办事方法，做事懒散，不思进取。新员工对老员工的这些做法都颇有微词，但是也没有申诉的渠道。当完成业务时，老员工得到的奖励要比新员工多得多，而当老员工触犯公司条例的时候，却仅仅是口头的批评。在这种风气的感染下，新员工有的也开始怠工，有的另谋出路，选择离开。这样一来，公司始终无法做大做强。

这可以说是很多家族企业的通病，有的人面对此种情况会采取大刀阔斧的改革，比如引入职业经理人，建立规范公司制度。但是更多的人面对这种情况却无能为力，任由其发展。这也是中国企业很多无法做成规模的原因之一。

其实，采用激励性的奖励手段来管理，既符合人性，也符合现代化的管理需求，但这不应该成为只奖不惩的理由，奖励不能以减少或弱化惩罚为前提。事实上，二者完全相辅相成，奖励可以拓宽企业的上限，惩罚则可以弥补企业的短板。

如果只奖不罚，只鼓掌，不打“板子”，或是“板子”扬而不打，久而久之，就会造成先进无动力，后进无压力，考核无活力的局面，长此以往，企业必会一蹶不振。

7 做战略最忌讳面面俱到，一定要重点突破

有句老话叫“贪多嚼不烂”，企业刚做大一点时就想跨行业经营，就显得有点贪心了。比如，听别人说房地产赚钱，于是赶紧去开发房地

产，听人家说网上开店赚钱，于是又在网上开店；再过几个月，又涉足餐饮业。结果贪多求全，样样都想做，结果一样也没有做成，最后经营的面由于铺得太大，导致无法应付过来。

阿里巴巴的创始人马云曾经说过："做战略最忌讳的是面面俱到，一定要记住重点突破，所有的资源在一点突破，才有可能赢。"他认为，战略第一要素是明白你的客户是谁，第二是你为他们创造了什么样的价值，第三是你怎样把这些价值传递给客户，同时还要考虑你的竞争对手。这就是马云倡导的"重点突破"。

有一段时间房地产行业非常火热，很多企业放弃自己原有的经营项目，跑去炒房，都想分上一杯羹。面对房地产大潮，阿里巴巴毫不理会。有人感到好奇，就问马云："你们为什么不做房地产？做房地产可以扩大你的经营范围，利润非常高啊！"

马云表示，每个人都应该问自己一个问题，那就是在创办企业的时候，企业的出发点是什么？阿里巴巴的出发点就是专心做中国的电子商务，而且要做成世界一流的电子商务。因此，公司的资金储备要留着为电子商务服务，而不能随便拿去炒房。再说了，阿里巴巴做电子商务做了那么多年，也取得了很好的成绩，这表明走这条路是对的，是自己的优势。如果不好好经营自己的优势产业，却做自己不懂的房地产，后果是难以估测的。

所以，2001 年，阿里巴巴只是安静地发展自己的产业，以守为攻。马云认为当时阿里巴巴不宜变化太多，坚守初衷是最好的发展策略，守是练内功，练好了内功，才能强大起来。这一点非常符合"舍"与"得"的理念，在这一理念的背后，看到的是马云的务实精神。

在"舍"的方面，马云曾抵挡过很多诱惑。比如，2005 年短信很赚钱、网络游戏也起来了，但是马云一直坚持做电子商务。后来，那些靠做短信、网络游戏的公司纷纷倒闭，但阿里巴巴依然还活着，而且越来越强大。

企业经营者要耐得住寂寞，抵得住诱惑，要认清企业的实力，看清自己的位置，做自己该做的事情，做自己最想做的事情，千万不要试图面面俱到。否则，最后的结果往往是面面不到，甚至是破产倒闭。正如一位成功的企业家说的那样：“定位一定要准确，你才能做好。少做就是多做，不要贪多，而要把你擅长的产业做精、做透。”

花旗银行董事长约翰·里德曾经说过：“战略越精炼，就越容易被彻底地执行。”看看那些优秀的企业，哪一个不是有着清晰简单的战略？这样才容易执行，而执行力关系到企业的竞争力，关系到企业的命运。

8 防止员工在制度上投机取巧

投机取巧是人性的弱点之一，人都希望付出少，回报多，都希望得到一时便利，其情可以理解。但是可以理解，不等于可以原谅，当发现员工在制度执行上投机取巧，身为管理者的你必须严肃地处理，坚决维护制度的威信，维护企业的良好秩序。

要知道，员工在工作中投机取巧，短期来看对自己有利，但长期来看，对公司对他自己都是有害的，会在他的心灵里埋下隐患，使其变得懒惰，变得不走正道，还会使其人品大打折扣。因此，管理者应该及时制止员工投机取巧的行为。

某公司业务员小周非常聪明，脑子很灵活，但做事不够踏实，经常动歪脑筋走“捷径”。他在公司负责某地区的业务工作，但他很少出门见客户，也很少见他给客户打电话。这些做法与公司的销售制度都是相悖的，公司制度明确规定，销售员每周要花两天时间接见客户，其他时间给客户打电话，听取客户的反馈意见。

领导曾经针对他不爱出去见客户，不爱给客户打电话这个问题与他沟通过，但是他的自我感觉良好，而且振振有词地说："营销的最佳手段就是给客户实惠，关键时候，只要我打点到位，单子一定能拿下。"

不久，小周负责的地区有个学校招标，有100多万的实洋，他终于走出了公司，前去拜访校长和馆长。然而，他们与小周一点都不熟，根本不愿意接见小周。好不容易见到了面，但是他们对小周不冷不热，小周开门见山地提出给他们"好处费"，但他们坚决不收，最后，公司在该项目上没有中标。

事后，领导和小周分析此事时，小周还在为自己争辩。领导非常生气，最后公司以小周不执行公司的营销制度为由将小周辞退。

对于投机取巧的员工，管理者首先要做好员工的思想工作，在肯定员工优点的同时，指出员工投机取巧的危害性，使员工认识到其中的利弊，促其改正不良行为。其次，管理者可以让员工自己去撞一次南墙，让他交点学费，吸取教训，促其觉悟。上面案例中的领导就是这么做的，但是员工小周并未觉悟，公司才决定将其辞退。如果员工撞了南墙之后觉醒了，那么公司不妨再给他一次机会，相信他会有所进步。

值得注意的是，员工投机取巧固然不对，但管理者有必要做好自己该做的工作，尽可能不给员工投机取巧的机会。比如，在布置任务时要选准人、交代清楚任务；对员工要坚持高标准、严要求，监督到位，发现问题及时纠正，必要时可以"敲打两下"予以警示。对于员工表现好的地方予以奖励，表现不好的地方予以批评，该追究责任要追究责任，坚持赏罚分明。这些做法在很大程度上都能减少或防止员工投机取巧。

9 有些矛盾冷处理更好

在员工之间发生矛盾时，身为管理者的你是最佳的评理者，往往会被员工寄予厚望。然而，当情绪激动的矛盾双方找到你时，你该怎么处理这对矛盾呢？当他们公说公有理、婆说婆有理时，你该相信谁呢？有些管理者在没有了解清楚矛盾的之前，就轻率地做出裁决，结果没有化解矛盾，反而得罪员工，把矛盾扩大化了。对于这种情况，你一定要避免。

赵老板和胡老板各自经营了一家公司，他们既是生意上的伙伴，也是生活中的朋友。一天，胡老板打电话给赵老板，叫他出来喝酒。见面后，胡老板一脸郁闷，赵老板一问才知道，原来胡老板在公司里没有处理好两个员工的矛盾，结果得罪了其中一位员工，对方一气之下递交了辞职书。而这位员工是公司的业务骨干，一直深受胡老板的器重。胡老板向赵老板请教如何挽留这名员工之后，又请教了如何处理员工之间的矛盾。

对此，赵老板是这样回答的："每当员工怒气冲冲地来我这里告状时，我都会像接待重要人物一样对待他。我先请他坐下，让他感受到尊重，然后给他倒一杯茶，尽量使他心平气和。等他情绪稍微平静时，我再让他讲述所遇到的麻烦，然后我从头听到尾，从不打断。领导能够以同情之心听他诉苦，会让员工感到很受安慰。当他讲完之后，我会对他的心情表示理解，我说：'如果我在你的位置上，我也会有你这样的感受。'说完这句话，他的气往往消了一大半。接着，我问他需要我做什么，对方往往大吃一惊地说：'哟，老板，我只是诉诉苦，没想让你帮我做什么，你能听我诉苦，我已经很满意了。’”

赵老板停顿了一会儿说：“说实在的，我感觉处理员工之间的矛盾很容易，那就是竖起两只耳朵认真地听，听完之后问员工需要我帮他做什么，如果他告诉我需要什么帮助，我能做的就帮他做，就这么简单。”

听完赵老板的话，胡老板不由得竖起了大拇指。

赵老板的这番话，值得每一位管理者牢记于心，因为那是处理员工之间矛盾的金玉良言。从他的话中，我们可以总结出处理员工之间矛盾的要点：一是倾听，二是理解。而倾听与理解的过程，就是冷处理员工之间矛盾的过程，经过这个过程，员工的怨气消了一大半。

需要补充的是，在听完员工的诉苦之后，管理者有必要给员工几句善意的提醒和引导，使其更加理智地处理与同事之间的矛盾。需要记住的是，管理者千万不要随便插足员工之间的矛盾，更不能因私人关系而偏向某一位员工，否则，只会激怒矛盾的另一方，使矛盾越来越大。

10 要平等，但不要平起平坐

在公司里，老板与员工只有职位的不同，没有人格的高低贵贱之分。但是不少老板没有意识到这一点，他们有意无意地摆架子，以显得自己高人一等，似乎在刻意制造所谓的“威严”“威信”。结果导致员工与老板之间有了层级分明的距离感，老板在员工心目中没有亲和力，这样很容易影响员工与老板的交流。

真正高明的老板懂得与员工打成一片，他们知道，与员工打成一片之后，便于充分了解他们的想法，可以更方便地沟通，这样既可以培养大家的感情，又可以营造平等的公司氛围，给大家一种人文关怀，从而激励员工更积极地对待工作。在这方面，索尼公司的创始人盛田昭夫做得非常到位。

索尼公司是世界知名企业，公司的最高领导者盛田昭夫，能够放下架子，和员工平等相处，表现出极好的亲和力。盛田昭夫喜欢和员工接触，他经常到各个部门走动，了解具体情况，争取有更多与员工沟通的机会。他还有一个习惯，那就是每天中午和基层员工一起吃午餐。在吃饭的时候，与员工轻松随意地交谈，以便第一时间了解员工对公司制度、待遇等方面的看法和感受，进而快速出台更加合理、更加人性化的管理策略。

一天中午，盛田昭夫照例和员工一起吃午饭。席间大家有说有笑，但细心的他观察到有名员工闷闷不乐。后来经过一番了解，得知该员工对他的直接上司不满，因为他的直接上司是个草包，对新来的员工横挑鼻子竖挑眼，喜欢把下属的功劳占为已有，把自己的过错推给下属。得知这一情况后，盛田昭夫很快就召开了董事会，讨论人事制度改革方案，以便给踏实肯干的员工更多施展才华和晋升的机会。后来，那位员工成了公司的一名中层领导。

在盛田昭夫看来，管理不是独裁，管理者应该和员工平等相处，因为员工才是公司最重要的人。他曾说过："在日本人的劳工关系里，有一种他处罕见的平等作风，在索尼公司里，白领与蓝领阶级罕有区别。如果某人是一名成功的劳工领袖，我们就希望他能加入管理阶层。"

企业领导者与下属和员工亲切友善地相处，对他们表现出亲切随和、笑容可掬的态度，可以让员工感受到领导者的人情味，从而更加努力地为公司效劳。在这样的企业里，上下沟通协调，工作氛围轻松活泼，对企业的发展是十分有利的。

国外有些大公司为了营造公平、平等的企业文化，公司经理、董事长在工作时间同工人穿一样的工作服，一起干活，下班之后一起到酒吧喝酒聊天，他们甚至取消了经理、董事和其他高级管理者的专用洗手间、专用餐厅等。他们尽可能多地与员工交谈、争论，有时候和工人们一起摆弄有故障的机器。

11 和谐管理绝不是讨好员工

什么叫“和谐管理”？所谓和谐管理，其实是指管理者的和谐心态。当管理者处于紧张的竞争氛围中和不良的环境里时，首先应该学会自我超越，用平常心和愉快的心情去管理企业。

和谐管理还指管理者与下属之间的关系保持和谐，即看人、识人、选人、用人、育人、管人、容人、留人等方面，能够做到从容有序，随机应变，得心应手，取得一个又一个的成功。和谐管理更是指管理者对人做到人尽其才，对物做到物尽其用。

在《庄子》中，子舆是一个有很多缺陷的人，他不但驼背，还隆肩，更是脖颈朝天。换作其他人，如果有这样的缺陷，或许会很自卑。但是当朋友问子舆是否讨厌自己的样子时，子舆却回答说：“不，我为什么要讨厌自己的样子呢？”

子舆的态度是：如果上天让他的左臂变成一只鸡，他就用它在凌晨来报晓；如果上天让他的右臂变成弹弓，他就用它去打斑鸠烤来吃；如果上天让他的尾椎骨变成车轮，精神变成了马，他便乘着它遨游世界。

子舆说：“上天赋予我的一切，我都可以充分使用，为什么要讨厌它呢？得，是时机；失，是顺应。安于时机而顺应变化，所以哀怨不会入侵到我心中。”

作为管理者，如果你能让你的下属像子舆一样坦然地接受你的命令，服从你的安排，充满喜悦地去对待工作，让他们顺应可观的条件，发挥自己的独特才能，那么下属的劣势也能转化为优势，这就是和谐管理。和谐管理既指人与外界环境的和谐相处，也指上下级之间的和谐相处。

某企业的一名员工的父亲遭遇了车祸，重伤住院。他的家庭很贫困，而他刚工作没多久，没有什么储蓄，无法支付几万元的医疗费。就在这名员工犯难时，公司得知这一情况，果断地拿出5万元钱借给他，并根据他在工作中的良好表现，特批给他半个月的假。员工十分感动，回家照顾父亲，处理好一切事务后，他立即赶回来上班。他说："公司就像家庭一样温暖，我一定努力学习操作技术，为公司创造更多的价值，这样才对得起'家人'。"

对员工实施亲情化管理，以营造和谐的气氛，并非刻意讨好员工，事实上也是为了企业着想。试想一下，如果员工家里出事了，管理者却不通人性，不准假、不帮忙，员工是不是会觉得寒心呢？就算你把他强留在工作岗位上，他也无法静下心来工作，又怎样为公司创造价值呢？而当企业帮助了员工，赢得了员工的感激，员工再以数十倍的激情对待工作，回报企业的恩情，这样是不是更好呢？所以说，关心帮助员工，让员工与企业关系更加和谐，这种做法对企业和员工双方都是皆为有利的。

12 不要喂得太饱，否则员工就没有了奔跑的欲望

在这个商品经济年代，所谓的"知遇之恩"往往只能赢得别人口头上的称赞，想让人真正记得你的好，恐怕还要有实实在在的利益保障。身为企业领导者，如果你不给下属实实在在的利益，就不要指望人家毫无保留地为你卖命。因此，领导者不只应该懂得用感情投资笼络人心，更应该学会用"利益"打动下属。

在用利益笼络人心时，领导者要牢记一点：人不太容易知足，如果你一次给足了下属好的待遇、奖励，并且今后没有改善和提高，那么下属就容易产生怨恨，甚至会消极怠工。因此，正确的做法是逐渐改善下属的待遇，一步步笼络下属的心，这更能激发下属的感恩之心。

一位大学教授在推荐其课程时，大谈特谈所谓的“喂猴理论”，他把员工比作马戏团里的猴子。工作人员为了让猴子配合自己，取悦于大众，他们往往会用一些猴子爱吃的食物作为诱饵，以激励猴子的积极性。在训练之前，工作人员会给猴子喂食，但是不会喂得太饱，因为喂得太饱了，猴子就没有了表演的欲望；再者，喂得太饱，“诱饵”对猴子就失去了诱惑力。

通俗地讲，给下属好处不要一次给足，而要结合下属的心理需求，分期给他好处，最大限度地激发他的积极性。有一块大甜头，不要一次性给下属，而要分成几次、分成几个阶段地犒劳下属，以换得下属更持久的感激。站在下属的角度，一次性获得领导给予的甜头，很容易吃得太饱，变得不思进取，而细水长流的好处，则可以让下属一直在激励中努力工作。

领导者一定要认识到人性中有贪婪和懒散的成分，一次性把下属喂得太饱，容易把下属的胃口撑大，使下属变得更加贪婪和懒散，这样一来，他可能对工作失去热情。在运用此法时，一定要讲究策略，千万不能表现得太过功利，否则，就是赤裸裸的收买，会引起下属的不快，也会引起旁人的不满。

俗话说：“放长线，钓大鱼。”在给下属好处时，不要急功近利，不要幻想一次性就能满足下属所有的需求。今天你满足他某个超出你能力范围的愿望，他就会一直感激你、为你效力吗？恐怕过不了多久，他就会忘记你给他的好处。再者，作为一个领导者，你手里的资源是有限的，你并没有那么大的能耐一下子喂饱下属，所以，明智的话，还是采取放长线钓大鱼的策略，一次给下属一点好处，争取持久战的胜利吧！

给得好，不如给得巧。在给下属好处时，一定要抓住时机。举个例子，下属手头宽裕的时候，你奖励他几百块钱，他可能不放在心上。如果下属急需用钱时，你奖励他几百块钱，或暗地里塞给他一个红包，他可能会对你感激涕零。这就是雪中送炭的威力。所以，管理者要多了解下属的心理，下属想要什么，你就适当满足他什么，这样更容易笼络下属的心。

13 不要轻易许诺，难以实现的诺言比谣言更可怕

实现诺言对于一个公司来说其实就是按制度办事。公司制度就是公司对员工的一个承诺。它承诺倘若员工能够按制度办事，就能得到相应的报酬，否则，就要接受应有的惩罚。然而，不是所有的公司都能按制度办事，不是所有的诺言都能实现。无法实现的诺言将会导致人心的涣散和企业的全盘崩溃。

谣言四起会使人心惶惶，会使企业的日常生产陷入一时的混乱。但是，谣言毕竟是谣言，终有一天会被真相打败，员工会从慌乱中走出重新振作。而无法实现的诺言却会让企业制度的权威消失，让员工不再信任企业，让领导者置身于赤裸裸的雇佣关系之中，让企业变成利益第一的冰冷世界。

企业对员工的诺言是员工积极性的源泉。他们相信按照企业制度办事，自己只要努力就能有沉甸甸的收获。他们十分向往这份收获，付出全部的真心只为得到这份收获。而当企业的管理者并不按照制度办事，无法实现对员工的诺言时，员工的心灵就会受到伤害，对企业的归属感就会消失，工作的积极性也会降低。

按规则办事的领导者不仅是员工的榜样，更是员工人生的导师。在

许昌市有这样一家叫“胖东来”的购物超市，它几乎垄断了市区的超市行业。倘若它停止营业一天，80%的市民将没有饭吃。它在该市的日营业额甚至超过了丹尼斯、沃尔玛等全球连锁的超市。这样一个地方性的超市怎么就能够有如此辉煌的成功呢？这要从超市的文化说起。该市的市民总是说，如果你在许昌街上看到从不闯红灯的人，那他一定是胖东来的员工。是的，胖东来一直以信守承诺要求每一位工作人员。不论在多么困难的情况下，超市领导者总能按时发放员工工资和奖金，对员工的任何承诺从来不会打折扣；而员工在领导者的激励下总能100%地完成分内的工作。所以，这家超市的工作总是井井有条，很少出现差错，从来没有接到过市民的投诉。

员工把按规则办事的要求拓展到生活的各个方面，赢得市民的一片好评。胖东来的管理者注重对诺言的实现，不但提高了超市的运作效率，更提升了员工的个人素质。人格的力量是无穷的，员工的高素质是胖东来深受市民追捧的关键。

任何企业都必须重视制度的执行，这是承诺问题。很多企业不重视制度的执行，对管理工作得过且过，虽然能够得到一时的利益，却会失去员工与合作者的信任。总是能兑现承诺的领导者会成为员工的亲人、合作者的朋友，伸向它的不会是讨要报酬的大手，而是一只只热情的、能帮助你成功的有力臂膀。

14 不一定每个岗位都要用最强的人

看过NBA篮球赛的人都知道，NBA三十支球队，没有一支球队在各个位置上的球员都是最强的。即便每年夺得总冠军的球队，其各个位置上的球员也不是最强的。可能有人会问：为什么不组建一支全明星球队呢？这样不就十拿九稳夺得总冠军吗？

这个想法很好，但它有几个问题：首先，组建全明星球队，要付出高昂的成本；其次，打篮球并不是“最佳球员＋最佳球员＝最佳战绩”的运动，因为它涉及到球场上的配合，因此，全明星球队也不一定能取得最佳战绩，不一定能夺得总冠军。

话又说回来，要想夺得总冠军，并不一定要让每个位置上的球员都是最强的，只要最关键的位置上用最强的人，有进攻尖兵，有防守大盾，再配上中不溜的球员，球队一样能取得好成绩，甚至夺得总冠军。比如，当年“科比＋奥尼尔”组合，连夺三个总决赛冠军，就是最好的说明。

企业用人与NBA球队用人的道理是一样的，不一定每个岗位上都用最强的人。日本“经营之神”松下幸之助就是这么认为的，他说：“不一定每个岗位都必须选择一个非常精明能干的人来担任。”这在常人来看是很难理解的。

松下幸之助的解释是：“如果把十个自认为一流的优秀人才集中到一起做事，每个人都有他坚定的主张，也就是十个人有十种不同的主张，最后根本无法决断出一个结果，计划也就无法推动。十个人中只要有一两个杰出人物即可，其余的可能是平凡者，事情反而得以顺利进行，因为其他人会心悦诚服地遵从那一两个才智出众的领导者。”

现实中很多例子可以证明松下幸之助的观点，比如，有些公司拥有很多一流的大学毕业、资历很出众的人才，按常理来说，这些公司应该发展得很好。可实际上，某些由二流人才组成的公司，干出的业绩比一流人才组建的公司更好。因为都是高材生、都是人才，一旦没有配合好，大家各有各的想法，谁都不服谁，结果造成企业内耗，反而会阻碍企业的发展。

相比之下，我们看看西天取经的团队——唐僧、孙悟空、猪八戒、沙和尚，在四人中唐僧算得上是优秀的领导者，孙悟空是一流的人才，而猪八戒和沙和尚，只能算得上二流的人才，但是他们四人搭配在一起，却成功战胜了取经路上的妖魔鬼怪，克服了重重困难，最终成功取得正经。由此可见，知识水平、能力才华不同的人才搭配在一起，一样可以让企业蓬勃发展。当然，其中重要的条件是要有英明的领导者。

15 不要把自己的意见强加于人

有一则笑话，值得每一位管理者玩味：

一位眼科医生为病人配眼镜的时候，把自己的眼镜取下来，给病人试戴，理由是："这个眼镜我戴了10年，效果很好，送给你吧，反正我家还有一副眼镜。"

病人委婉地拒绝了，但医生却坚持把眼镜送给他，还说："我戴得很好，送给你了，白给的你还不要啊？"

病人说："我不习惯戴别人戴过的眼镜，我还是自己买个新眼镜吧！"

医生不高兴地说："算了算了，真是好心当做驴肝肺。"

这则笑话揭露了许多管理者一个共同的缺点——喜欢把自己的意见强加于人，把自己认为好的想法强加给员工，让员工认同他们的想法。这与推销员向不需要产品的顾客推销产品是一样的道理，如果你是顾客，你被强硬购买产品，你会有何种感受呢？

身为管理者，你一定希望自己的观点赢得认同，得到理解和支持，但怎样才能让员工认同呢？最关键的是你的观点有道理，而且对解决实际问题有效。如果你的观点不具备这样的特点，那么你硬是对员工说："我的观点很好对不对？对不对？对不对……"只会引起员工的反感，或员工为了避免被你纠缠而说假话："是啊，你的观点很好，你的想法很不错。”但这种口是心非的附和是没有意义的。

当然，如果你的想法不错，并且对解决问题有效果。同时，你说服别人的方式让人感到很舒服，那么你就很容易赢得别人的认同，达到你想要的目的。在这方面，有一个典型的案例：

纽约一家大医院需要新添一套X光设备，很多厂商得知这个消息，纷纷慕名而来，向医院负责采购的罗伯森医生推销产品，罗伯森医生非常烦恼。制造厂商A也派员工去推销产品了，但是失望而归。A公司的销售经理决定亲自出马，他采取了一种与众不同的方式去推销。

销售经理给罗伯森医生写了一封信，信的内容大概是：我们厂最近生产了一套最先进的X光设备，前不久才运到公司来。由于这套设备比较先进，大家都不知道他是否尽善尽美，因此，他希望罗伯森医生起来观摩，看这台设备是否有不足之处。

销售经理在信中还很礼貌地说：“为了不耽误你宝贵的时间，明天我开车来接你来我们公司。”

罗伯森医生看完信后，感到非常惊讶，因为以前从来没有厂商咨询过他的意见，所以这封信让他感到了自己的重要性。虽然第二天他很忙，但是他依然放下手头的工作，去了那家公司观摩设备。观摩之后，他发现那套设备并没有什么特别之处，与市场上大多数设备差不多。于是他想，买别人的设备也是买，何不买下这套设备呢。就这样，他向医院建议买下那整套设备。

销售经理没有将自己的观点强加于罗伯森医生，而是以一种请教的口吻，邀请他前去观摩，表现了对他十分重视。这一做法赢得了罗伯森医生的好感，最终罗伯森医生认同了他们厂的产品，他成功实现了自己的推销目的。这个案例告诉我们，与其强迫别人认同你的观点、接受你的意见，不如换一种态度，巧妙地说服别人，这样才能在不动声色之中提升你的影响力。

16 说到做到，绝对不能开空头支票

说到做到是一种决断，一种人格魅力的体现。人无信不立，“语言上的巨人，行动上的矮子”招来的只能是讥笑。一味地言而无信，只能被人当做小丑看待。《史记》中说道：“得黄金百，不如得季布一诺。”说的就是诚信的无价。

当贝索斯在董事会宣布亚马逊决定大幅削减商品价格，并对订购金额超过 25 美元的订单实行免邮费的政策后，所有人都觉得这是一个疯狂的决定。

企业只有言出必行，才会有勇夫敢于站出来。长期失信的结果，就是即使许下了重赏，人们也只认为是镜中花水中月，不会当真。这就意味着公司将为此支付巨大的开支，当这个政策实行的时候，所有人都认为这只是亚马逊公司的一个噱头，大家一直在等待这场闹剧的结束。

但是贝索斯接下来的行为更让人目瞪口呆，他宣布亚马逊将会继续在邮费上进行优惠。业内人士和消费者都觉得这是不可能的。贝索斯很快又推出了“亚马逊免邮费”计划：为顾客提供全年 7 美元无限次次日送达的配送服务。无论说这是宣传策略也好，一时之计也好，亚马逊确实把更多的钱留在了顾客的口袋里。贝索斯没有食言，即便这意味着巨额的花费。

日本管理学家秋尾森田说过：“不守信用的人如同酩酊大醉的酒鬼，满嘴都是胡言乱语。这样的人最后只能引来怀疑和嘲笑。即使他清醒过来，也不会有太大的改变。”事实也证明了贝索斯的决定是正确的。亚马逊已发展近 20 个年头，数以亿计的忠心的顾客被他招至麾下。密歇根

大学在2007年年底对数百家美国企业所做的顾客满意度调查中，亚马逊高居榜首。

说到做到，体现的是一种诚信和信誉。有了这一点，个人才能在社会上立足；领导者才能在团队中建立威信。《论语》提出了“言而无信，不知其可也”的观点，意思是一个人如果不遵守自己的诺言，违背了契约，就不能赢得大家的认可，最后连立身之地都没有了。因此，领导人不能轻易许诺，一旦说了就要确保去实现。否则，你必将失信于人，最后丧失领导权威。

我们经常碰到这种情况：领导说加完班有奖励，但是没有；主管说完成这个大单就会去旅游，但是没有；上司说会升职加薪，但是没有。对此，一般员工往往是无可奈何，敢怒不敢言。长期这样做的后果就是，没有人再有动力继续为公司服务。

这种松散的制度，往往会让我们在日常生活和工作中做出很多承诺，由于是口头的，所以即使违背也无法追责。这最终导致的是个人或者企业公信力的缺失。

17 让所有人都成为赢家，而不是整天想着利益独占

企业的最终目的是什么？通俗地讲就是“挣钱”。其实每个人心中都有一种朴素的想法，那就是：别人得到了，我就得不到了。然而事实真的是这样吗？

安踏创始人丁志忠曾经提出过“49%理论”，这个理论来自他的父亲。父亲教导他：做每件事情，都要让别人占51%的好处，自己永远只要49%。丁志忠最初不能理解，这不是明摆着吃亏吗？哪有这样做生意

的？后来他慢慢理解了：这样做看起来是暂时吃亏，但他却赢得了客户的长期合作。让客户更加认同，更加尊重，更加信任。

古语云："合则两利，分则两伤。"这就意味着，如果你不能对自己的利益有所让步，那么必定没有合作的空间。两只刺猬靠得太近，只能让互相都受伤。一心想着独占所有的好处，最后往往是什么好处也得不到。佛教六道轮回中，有一道被称作"饿鬼道"，里面的饿鬼有着极大的肚子和极细的喉咙，他们想吃掉一切，最终却什么也没吃到。

创立台塑集团后，王永庆对待跟自己打天下的人一样非常用心。他始终坚持的目标是，让大家得到应有的回报和福利。不止同患难，更要同富贵。当他得知有主管得了呼吸道疾病时，他主动打电话问候。同时联系最好的医院安排该主管治疗。王永庆明白打拼的不易，也懂得人才付出之后应该得到应有的回报。他把对员工的关爱融入到切实的关怀之中，而不仅仅只是口头支票。

王永庆不仅仅把公司以商业的理念来经营，更以一颗仁慈的心来经营。他知道企业是一个个有血有肉的人组成的，台塑的战斗力和凝聚力来源于此。让所有人收益，就是让整个企业收益。所以我们不难理解王永庆去世后，台塑为何有那么多老员工在他的灵前失声痛哭。这些老员工缅怀的是王永庆那一颗让所有人受益的心。

《史记·货殖列传》有云："天下熙熙，皆为利来；天下攘攘，皆为利往。"逐利是人的本性，但我们往往被眼前的利益冲昏了头脑。这个世界上的财富很多，比你所能看到甚至想到的更多。可以说，只要团结一心，就没有得不到的财富。

随着全球化的进一步发展，每个人的利益交汇也越来越密切，大家相互依存，谁也离不开谁，这是一种普遍的形势。我们不能再用"我兴你衰"、"零和博弈"等思维来看世界，看周围的人。

18 要做放权的刘邦，不做专权的朱元璋

汉高祖刘邦曾问群臣："吾何以得天下?"群臣的回答多种多样，但是都不得要领。于是，他只好自己说出答案："我之所以有今天，得力于三个人，运筹帷幄之中，决胜千里之外，吾不如张良；镇守国家，安抚百姓，不断供给军粮，吾不如萧何；率百万之众，战必胜，攻必取，吾不如韩信。三位皆人杰，吾能用之，此吾所以取天下者也。"

刘邦的话既表明慧眼识人的重要性，更表明信任下属、正确授权的重要性。说到授权，有些管理者可能会这样想："如果我把权力授予下属，那我所掌控的权力就少了，如此一来，我这个管理者岂不是名存实亡?再者，下属有了权力之后，如果胡作非为，我该怎么办呢?"尤其是在古代战争年代，授权给下属往往有很大的风险，下属权势大了之后，可能篡权夺位，这样后果岂不是很严重?

其实，授权并不等于放权，授权只是将一部分权限交给下属，让他们自由发挥自己的能力，展示自己的才华。根本性的大权仍然掌握在领导者手里，就像放风筝一样，领导者始终牵着风筝的线。当风筝飞行路线有所偏差时，领导者只需轻轻拉一拉手中的线，让风筝按自己的期望去飞翔。

况且，授权的目的是为了把公司经营管理好。如果领导者在意权力上的争夺，把权力紧紧攥在手里，那么仅凭你一人之力，是难以把公司管理好的。这就是为什么很多领导者每天操劳，甚至都累趴下了，公司发展却一塌糊涂。这就是因为他们不懂得授权。如果懂得授权，那么管理将变得轻松许多。

与刘邦的英明授权相比，明太祖朱元璋的专制集权做法，就显得太过愚蠢。朱元璋建立明朝之后，专权的做法立刻暴露出来，他诛杀开国功臣，以廷杖、文字狱凌辱官员，废除了丞相，集大权于一身。这些专制的做法使得当时的读书人都不愿意出来当官，一时间人才凋零。但是，全国军政大权集于皇帝一人，致使政务十分繁忙。朱元璋虽竭尽全力，但是拼上老命无法承担。

其实，企业管理与治理国家的道理是一样的，搞专制主义是难以将企业管理好的，唯有懂得放权，正确授权，给部属充分发挥能力的机会，才能借众人之力，打造一支有战斗力的团队。

领导者确定一个战略目标后，让下属自主发挥聪明才智去实现这个目标，这样才能充分调动下属的积极性。身为管理者，绝不要对员工的具体工作指手画脚，你只要给他们指定一个方向，把具体的事务交给他们就行了。

管理者要明白的是，一个人的能力是有限的，即使你非常有才华，靠你一个人来指挥一切，你终究还是忙不过来的。因此，你必须学会有效地授权，让整个部门的每个员工都动起来，让大家自发地做自己擅长的工作，这样才能把工作做好。